DR. OETKER

Heißgeliebte KARTOFFELN

Gekocht, gebraten und gebacken

DR. OETKER

Heißgeliebte KARTOFFELN

Gekocht, gebraten und gebacken

Vorwort

HOCH IN DER GUNST – DIE KARTOFFELKUNST

Was für die östliche Welt der Reis, das ist für die westliche Welt die Kartoffel. In deutschen Haushalten ist dieses sich im bescheidenen Gewande darstellende Nachtschattengewächs trotz Nudel- und anderer Trends noch immer der Favorit. Ein weiter Weg von der durch Dekret Friedrich des Großen eingeführten Knolle, die erst nur zögerlich angenommen wurde. Inzwischen ist sie in den Haushalten zum festen Bestandteil des Speisezettels geworden und hat auch in Gourmet-Küchen ruhmreichen Einzug gehalten. Denn es ist kein Geheimnis, daß kaum ein anderes Produkt so viele positive Eigenschaften aufweisen kann.

- Die Kartoffel ist erschwinglich für jedermann,
- sie hat viele gesunde Nähr- und Wirkstoffe,
- sie ist sättigend und bekömmlich,
- sie paßt sich allen anderen Zutaten harmonisch an, und
- ihre Varationsmöglichkeiten sind schier unbegrenzt.

Ob als Beilage oder als Hauptgericht, ob gekocht, gedünstet, gebacken, gebraten, fritiert oder püriert – eine schmackhafte Kartoffel ist einfach eine Delikatesse.

Inhaltsübersicht

Gut in Form –
KLÖSSE, NOCKERLN UND PÜREES

Die 7-Tage-
KARTOFFEL-DIÄT

Ratgeber:
RUND UM DIE KNOLLE

Kartoffeln von fein bis deftig – SUPPEN, SALATE UND KARTOFFELN IN FEINER SAUCE

Pikante KARTOFFEL-SUPPE

(Foto Seite 8/9)

1 kg mehligkochende Kartoffeln
1 1/2 l Fleischbrühe
100 g durchwachsener, geräucherter Speck
1 große Zwiebel
1/2 Becher saure Sahne
Salz, gerebelter Majoran
geriebene Muskatnuß
4 Rindswürstchen oder
300 g gekochtes Rindfleisch
1 Bund Schnittlauch

Die Kartoffeln waschen, schälen, abspülen, in kleine Würfel schneiden, zusammen mit der Fleischbrühe etwa 15 Minuten kochen lassen. Die Hälfte der Kartoffelwürfel mit einem Schaumlöffel herausnehmen. Die restlichen Kartoffeln mit der Brühe durch ein Sieb streichen oder mit einem Passierstab zerkleinern. Den Speck würfeln, auslassen. Die Zwiebel abziehen, fein würfeln, in dem Speckfett glasig dünsten. Zusammen mit der sauren Sahne in die Kartoffelsuppe geben, gut durchrühren. Die Suppe mit Salz, Majoran und Muskatnuß würzen. Die restlichen Kartoffelwürfel mit den Rindswürstchen oder dem in feine Streifen geschnittenen Rindfleisch in die Kartoffelsuppe geben, noch etwa 10 Minuten ziehen lassen.
Das Schnittlauch abspülen, trockentupfen, fein schneiden, vor dem Servieren darüberstreuen.

Altdeutsche KARTOFFEL-SUPPE

700 g mehligkochende Kartoffeln
50 g Sellerie
3 Möhren
100 g Butter
1 1/2 l Fleischbrühe
2 Zwiebeln
1 Lorbeerblatt
1 Nelke
1 Stange Porree (Lauch)
125 g Schlagsahne oder Crème-fraîche
Salz
frisch gemahlener Pfeffer
Majoran
frisch geriebene Muskatnuß
200 g Pfifferlinge
2 EL gehackte Kräuter (Kerbel, Schnittlauch, glatte Petersilie)

Die Kartoffeln, Sellerie und Möhren waschen, schälen und in Würfel schneiden. Die Hälfte der Butter zerlassen, Sellerie und Möhren darin andünsten. Die Kartoffeln und die Fleischbrühe dazugeben. Die Zwiebeln abziehen. 1 Zwiebel mit Lorbeerblatt und Nelke spicken, in die Brühe geben und zugedeckt etwa 20 Minuten kochen. Den Porree putzen, gründlich waschen, in Ringe schneiden und in der Suppe etwa 10 Minuten kochen. Die gespickte Zwiebel entfernen. Etwa 1/3 der Kartoffeln aus der Suppe schöpfen, pürieren, mit Sahne oder Crème fraîche verrühren und wieder in die Suppe geben. Die Suppe mit Salz, Pfeffer, Majoran und Muskatnuß würzen. Die Pfifferlinge putzen, abreiben, evtl. waschen und abtropfen lassen. Die restliche Zwiebel in feine Würfel schneiden. Die restliche Butter zerlassen, die Zwiebelwürfel darin andünsten. Die Pilze dazugeben und 5 Minuten dünsten, in die Suppe geben, etwa 5 Minuten ziehen lassen und mit den Kräutern bestreuen.

TIP

Die frischen Pfifferlinge können auch durch Dosenware ersetzt werden. Alternativ können auch Creme-Champignons Verwendung finden. Empfehlenswert ist dann, statt mit Majoran mit Thymian zu würzen.

Kartoffelsalat MIT QUARK

600 g gekochte Salatkartoffeln
2 Bund Radieschen
200 g Lauchzwiebeln
250 g Cremequark
2 EL Speiseöl
4 EL Zitronensaft
Salz
frisch gemahlener Pfeffer
Zucker
200 g Feldsalat

Die Kartoffeln pellen, in Scheiben schneiden. Das Gemüse putzen, waschen, kleinschneiden. Den Quark mit Speiseöl, Zitronensaft und Gewürzen verrühren und darübergießen, etwa 30 Minuten durchziehen lassen, nochmals abschmecken. Den Salat putzen, waschen, zuletzt untermischen, sofort servieren.

Kartoffelsuppe MIT WÜRSTCHEN

(ohne Foto)

500 g mehligkochende Kartoffeln
200 g Suppengrün
100 g geräucherter Speck
30 g Butter oder Margarine
1 l Fleischbrühe
200 g Brühwürstchen
2 EL gehackte Petersilie
Salz

Die Kartoffeln waschen, schälen, grob raspeln, Suppengrün putzen, waschen, fein würfeln. Den Speck in feine Würfel schneiden, Butter oder Margarine in einem Topf zerlassen, Speckwürfel darin andünsten. Suppengrün dazugeben, kurz andünsten, Kartoffelraspel und Fleischbrühe dazugeben, aufkochen lassen, etwa 20 Minuten kochen lassen. Die Brühwürstchen in Scheiben schneiden, mit der Petersilie in die Suppe geben, mit Salz abschmecken.

Schnittlauch-KARTOFFELN

1 kg festkochende Kartoffeln

Für die Schnittlauchsauce:
30 g Butter
30 g Weizenmehl
250 ml (¼ l) Milch
250 ml (¼ l) Gemüsebrühe, Salz
2 EL feingeschnittener Schnittlauch

Die Kartoffeln waschen, in Wasser zum Kochen bringen, in 20–25 Minuten gar kochen lassen, abgießen, sofort pellen, erkalten lassen, in Scheiben schneiden.
Für die Schnittlauchsauce die Butter zerlassen. Das Weizenmehl unter Rühren so lange darin erhitzen, bis es hellgelb ist. Die Milch mit der Brühe hinzufügen, mit einem Schneebesen durchschlagen, darauf achten, daß keine Klumpen entstehen. Die Sauce zum Kochen bringen, etwa 5 Minuten kochen lassen, mit Salz abschmecken. Die Kartoffeln mit dem Schnittlauch hinzufügen, etwa 10 Minuten darin ziehen lassen, mit Salz abschmecken.

Salat DOLORES

(ohne Foto)

375 g festkochende Pellkartoffeln
1–2 hartgekochte Eier
200 g Krabben, frisch gepult

Für die Sauce:
1 Becher (150 g) Crème fraîche
Tomaten-Ketchup
1 EL Portwein
etwa 3 EL Weißweinessig
Salz
frisch gemahlener Pfeffer
Zucker
Dill

Die Kartoffeln pellen, in Streifen oder Scheiben schneiden. Die Eier pellen, würfeln, zusammen mit den Kartoffeln und Krabben vermengen, in einer Salatschüssel anrichten.
Für die Salatsauce die aufgeführten Zutaten miteinander vermengen, mit den Salatzutaten vermengen und mit Dill bestreuen.

Kartoffel-BOHNEN-SALAT

(4–6 Portionen)

750 g Salatkartoffeln
500 g grüne Bohnen
Salzwasser
Bohnenkraut
500 g Fenchel
250 ml (1/4 l) Gemüsebrühe
100–125 ml Kräuteressig
Salz
frisch gemahlener Pfeffer
Zucker
1 Becher (150 g) Crème fraîche (nach Belieben auch mit Kräutern)

Die Kartoffeln waschen, in Salzwasser 20–25 Minuten gar kochen, abgießen, heiß pellen, lauwarm in Scheiben schneiden. Die Bohnen abfädeln, die Enden abschneiden, in Stücke schneiden oder brechen, in kochendes Salzwasser mit etwas Bohnenkraut geben, in 10–12 Minuten gar kochen lassen, mit einem Schaumlöffel herausnehmen, abgetropft zu den Kartoffeln geben. Den Fenchel putzen, waschen, in Streifen

schneiden, in dem Bohnenkochwasser etwa 5 Minuten garen, abgießen, zu den anderen Zutaten geben. Die Gemüsebrühe mit dem Essig aufkochen, mit Salz, Pfeffer und Zucker würzen, über die Zutaten geben, gut durchziehen lassen. Crème fraîche unterrühren, nochmals abschmecken.

Beigabe: Hartgekochte Eier.

Kartoffelsuppe MIT JOGHURT

(ohne Foto)

2 EL Olivenöl
1 Zwiebel
750 g mehligkochende Kartoffeln
1 TL gerebelter Thymian
Salz
frisch gemahlener Pfeffer
750 ml (3/4 l) Gemüse- oder Geflügelbrühe
1 Lorbeerblatt
geriebene Muskatnuß
150 g Joghurt, 3 Eigelb
1 Bund Petersilie

Das Olivenöl in einem Topf erhitzen und die abgezogene, feingehackte Zwiebel darin andünsten. Die Kartoffeln schälen, in Würfel schneiden, zu der Zwiebel geben und kurz mitdünsten. Die Kartoffeln mit Thymian, Salz und Pfeffer würzen und mit der Gemüse- oder Geflügelbrühe auffüllen. Das Lorbeerblatt dazugeben. Mit Muskatnuß würzen und bei mäßiger Hitze 15–20 Minuten köcheln lassen. Nach Ende der Garzeit das Lorbeerblatt herausnehmen und die Suppe im Mixer oder mit dem Pürierstab pürieren. Das Püree in einen Topf geben und nochmals erhitzen. Den Joghurt und das Eigelb miteinander verrühren. Die Suppe von der Kochstelle nehmen und mit dem Eigelbjoghurt legieren. Die Kartoffelsuppe nochmals kräftig abschmecken. Die verlesene, gewaschene und feingehackte Petersilie unterziehen, anrichten und servieren.

Salat OLIVER

1 große Zwiebel
1 Möhre
1 Stück Knollensellerie
250 ml (1/4 l) kochendes Salzwasser
250 g Hähnchenbrustfilet
500 g Salatkartoffeln
2 EL Schlagsahne
2 EL Mayonnaise
2 EL Joghurt
1 EL feingehackter Dill
Senf
Salz
frisch gemahlener Pfeffer
1–2 Dillgurken
1 EL Kapern
2 hartgekochte Eier
1 kleiner Kopfsalat
2 EL Kapern
8 Oliven
2 große Tomaten

Die Zwiebeln abziehen, vierteln. Die Möhre und den Sellerie putzen, schälen, waschen. Das Hähnchenbrustfilet unter fließendem kaltem Wasser abspülen, trockentupfen. Das Gemüse und das Fleisch in das kochende Wasser geben und etwa 15 Minuten garen, bis das Fleisch gar ist. Das Fleisch herausnehmen und beiseite stellen. Die Kartoffeln waschen, in Wasser zum Kochen bringen, in 20–25 Minuten gar kochen lassen, abgießen, pellen, erkalten lassen, in Scheiben schneiden. Das Fleisch in Würfel schneiden. Aus Sahne, Mayonnaise, Joghurt, Dill, Senf, Salz und Pfeffer eine Salatsauce herstellen. Die Dillgurken in Scheiben schneiden, mit den Kapern sowie den Kartoffelscheiben und Hähnchenwürfeln unterziehen. Den Salat mindestens 1 Stunde im Kühlschrank ziehen lassen. Die Eier pellen, in Scheiben schneiden, vorsichtig unterheben. Den Salat mit den Gewürzen abschmecken. Von dem Kopfsalat die äußeren Blätter entfernen. Die Blätter putzen, waschen, abtropfen lassen und fächerartig auf einer großen Servierplatte anordnen. Den Kartoffelsalat daraufgeben, zu einer Pyramide formen, mit Kapern, Oliven und in Achtel geschnittenen Tomaten garnieren.

Pellkartoffeln UND DUCKE-FETT

(ohne Foto)

1 kg mehligkochende Kartoffeln
150 g durchwachsener Speck
2 Zwiebeln
250 ml (1/4 l) Milch, 2 EL Schmand

Die Kartoffeln waschen und in Salzwasser etwa 20–25 Minuten gar kochen lassen, abgießen, sofort abpellen und warm stellen. Für das Duckefett den durchwachsenen Speck in kleine Würfel schneiden und auslassen. Die Zwiebeln abziehen, würfeln und hellbraun darin braten. Die Milch und Schmand unterrühren und kurz aufkochen lassen, zu den Pellkartoffeln servieren.

Kartoffel-SCHINKEN-SALAT

800 g Salatkartoffeln
200 ml heiße Gemüsebrühe
4 EL Kräuteressig
500 g gelbe Paprikaschoten
175 g gekochter Schinken
20 schwarze Oliven
2–3 EL Speiseöl, Salz
frisch gemahlener Pfeffer
100 g Feldsalat

Die Kartoffeln waschen, in Wasser zum Kochen bringen, in 20–25 Minuten gar kochen lassen, abgießen, pellen, erkalten lassen, in große Würfel schneiden. Die Kartoffelwürfel mit der Gemüsebrühe und Kräuteressig übergießen, etwa 30 Minuten durchziehen lassen. Die Paprikaschoten halbieren, die weißen Scheidewände entfernen, entkernen. Die Paprikaschoten waschen, in Streifen schneiden. Den Schinken in Streifen schneiden. Oliven und Öl mit Paprika und Schinken zu den Kartoffelwürfeln geben, mit Salz und Pfeffer würzen. Den Feldsalat putzen, waschen, trockenschleudern. Den Kartoffelsalat auf dem Feldsalat anrichten.

TIP

Für den Kartoffel-Schinken-Salat mit der Gemüsebrühe 1–2 gewürfelte Zwiebeln zu den Kartoffeln geben. Vor dem Servieren mit 2 Eßlöffeln Schnittlauch bestreuen.

Kartoffel-Feldsalat À LA FRANÇAISE

(ohne Foto)

250 g festkochende Kartoffeln
3 Schalotten
125 ml (1/8 l) Gemüsebrühe
2–3 EL Weinessig
150 g Feldsalat
3 hartgekochte Eier
3 EL Salatöl
Salz
frisch gemahlener Pfeffer

Die Kartoffeln in Wasser 20–25 Minuten gar kochen, abschrecken, pellen und würfeln. Die Schalotten abziehen und fein hacken. Beide Zutaten in eine Schüssel geben. Die Gemüsebrühe mit Weinessig erhitzen, über die Kartoffeln gießen und alles 20 Minuten durchziehen lassen. Inzwischen vom Feldsalat die Wurzelenden abschneiden und welke Blätter entfernen (größere Blätter teilen). Den Salat gründlich waschen und gut abtropfen lassen. Die Eier pellen und halbieren. Das Eigelb beiseite stellen, das Eiweiß in feine Streifen schneiden. Das Salatöl zu den Kartoffeln geben, mit Salz und Pfeffer abschmecken. Den Feldsalat und das Eiweiß unter die Kartoffeln heben. Das Eigelb durch die Knoblauchpresse oder durch ein Sieb drücken und über den Salat geben.

Kartoffel-ZUCCHINI-SALAT

600 g Salatkartoffeln
2 mittelgroße Zucchini (400 g)
5 EL Speiseöl
Salz
frisch gemahlener Pfeffer
2 Knoblauchzehen
250 g durchwachsener Speck
3 EL Speiseöl
2–3 EL Weißweinessig
2 EL gehackter Kerbel

Die Kartoffeln waschen, in Wasser zum Kochen bringen, in 20–25 Minuten gar kochen, abgießen, pellen, etwas erkalten lassen, in Scheiben schneiden. Die Zucchini putzen, Enden abschneiden, waschen, Zucchini in Scheiben schneiden. Das Speiseöl erhitzen, die Zucchinischeiben darin kurz von beiden Seiten braten, mit Salz und Pfeffer bestreuen. Die Knoblauchzehen abziehen, durch die Presse geben, auf den Zucchinischeiben verteilen. Die Kartoffel- und Zucchinischeiben abwechselnd auf eine Platte verteilen. Den Speck in Würfel schneiden, mit Speiseöl in einer Pfanne kroß ausbraten, Weißweinessig dazugeben, mit Pfeffer würzen, den Kerbel dazugeben. Die Sauce mit den Speckwürfeln auf die Kartoffel- und Zucchinischeiben verteilen.

Speck-KARTOFFEL-SALAT

800 g kleine, mehlig-festkochende Kartoffeln
250 ml (1/4 l) heiße Gemüsebrühe
2 EL Weißweinessig
2 TL Rotisseur-Senf, Salz
frisch gemahlener Pfeffer
4 Stangen Staudensellerie
200 g Frühstücksspeck
2 EL Speiseöl, 4 rote Zwiebeln

Die Kartoffeln waschen, in Wasser zum Kochen bringen, etwa 15 Minuten kochen lassen, abgießen, etwas abkühlen lassen, pellen, größere Kartoffeln halbieren. Die Gemüsebrühe mit Weißweinessig, Rotisseur-Senf, Salz und Pfeffer würzen, heiß über die Kartoffeln geben. Den Staudensellerie putzen, waschen, das Grün beiseite legen, die harten Außenfäden abziehen, den Sellerie in Scheiben schneiden, zu den Kartoffeln geben. Den Frühstücksspeck in Streifen schneiden, Speiseöl erhitzen, den Speck darin kroß ausbraten. Die Zwiebeln abziehen, halbieren, in Scheiben schneiden, zu dem Speck geben, kurz mitdünsten, zu den Kartoffeln geben, einige Stunden durchziehen lassen, nochmals abschmecken, mit dem Selleriegrün garnieren.

Kartoffelsalat MIT MAYONNAISE

800 g Salatkartoffeln
2 Zwiebeln
250 ml (1/4 l) Gemüsebrühe
3 Eier
100 g Gewürzgurken (aus dem Glas)

Für die Salatsauce:
3 EL Salatmayonnaise
3 EL Gurkenflüssigkeit
Salz, frisch gemahlener Pfeffer

Die Salatkartoffeln waschen, in Wasser zum Kochen bringen, in 20–25 Minuten gar kochen lassen, abgießen, abdämpfen lassen, noch heiß pellen, in Scheiben schneiden. Die Zwiebeln abziehen, in kleine Würfel schneiden, in der Gemüsebrühe zum Kochen bringen, 1 Minute kochen lassen, heiß über die Kartoffelscheiben geben, durchziehen lassen. Die Eier hart kochen, abschrecken, pellen, würfeln. Die Gewürzgurken in Würfel oder Scheiben schneiden.
Für die Salatsauce Salatmayonnaise mit Gurkenflüssigkeit vermengen, alle Zutaten mit den abgekühlten Kartoffelscheiben vermischen, mit Salz und Pfeffer abschmecken, danach etwas durchziehen lassen.

TIP

250 g Fleischwurst enthäuten, in kleine Würfel schneiden, mit einem geschälten, gewürfelten Apfel unter den Salat heben.

Warmer KARTOFFELSALAT »HARZER ART«

(ohne Foto)

1 kg Salatkartoffeln

Für die Salatsauce:
75 g fetter Speck
2 Zwiebeln
125 ml (1/8 l) heiße Gemüsebrühe
4–5 EL Kräuteressig
Salz
frisch gemahlener Pfeffer
Zucker, Essig
2 EL feingeschnittener Schnittlauch

Die Salatkartoffeln waschen, in Wasser zum Kochen bringen, in etwa 20 Minuten gar kochen lassen, abgießen, abdämpfen, heiß pellen, in Scheiben schneiden.

Für die Salatsauce den Speck in Würfel schneiden, auslassen, das Speckfett durch ein Sieb in eine Schüssel gießen. Die Zwiebeln abziehen, würfeln, mit der Gemüsebrühe zum Kochen bringen, 3–5 Minuten kochen lassen. Den Essig, Salz, Pfeffer und Zucker unterrühren, das Speckfett dazugeben. Die Salatsauce mit den warmen Kartoffelscheiben vermengen, 1–2 Stunden durchziehen lassen, anschließend auf dem Rost in den Backofen schieben.
Ober-/Unterhitze: etwa 150 °C (vorgeheizt)
Heißluft: etwa 130 °C (nicht vorgeheizt)
Gas: etwa Stufe 2 (vorgeheizt)
Wärmzeit: 15–20 Minuten, ab und zu durchschwenken, mit Salz, Pfeffer, Zucker und Essig abschmecken. Den Schnittlauch unterrühren, die Grieben (ausgelassener Speck) darauf verteilen.

Sauerkraut-Ananassuppe MIT WÜRSTCHEN

600 g mehlig-festkochende Kartoffeln
1 l Fleischbrühe (Instant)
1 Dose (520 g) Sauerkraut
1–2 Lorbeerblätter
5 Wacholderbeeren
1 Dose (340 g) Ananasstücke
4 Wiener Würstchen
150–200 ml Ananassaft
Salz
frisch gemahlener Pfeffer
1 Bund Schnittlauch

Die Kartoffeln waschen, schälen, abspülen, in Scheiben schneiden, in die Fleischbrühe geben, etwa 10 Minuten kochen lassen. Das Sauerkraut, Lorbeerblätter und Wacholderbeeren zugeben, etwa 20 Minuten kochen lassen. Die abgetropften Ananasstücke mit den in Scheiben geschnittenen Würstchen hinzugeben. Den Ananassaft unterrühren. Die Suppe erhitzen, mit Salz und Pfeffer abschmecken. Den Schnittlauch abspülen, trockentupfen, fein schneiden und über die Suppe geben.

Grüner KARTOFFEL-SALAT

1 kg Salatkartoffeln
Salzwasser, knapp 125 ml (1/8 l) Essig
125 ml (1/8 l) Fleischbrühe
1–2 TL Zucker, Salz
frisch gemahlener Pfeffer
1 Zwiebel
1 Bund Dill
1 Bund Petersilie
5 Salbeiblätter
1 Zweig Zitronenmelisse
1 kleine Salatgurke
150 g saure Sahne oder Crème fraîche

Die Kartoffeln waschen, in Salzwasser zum Kochen bringen, in 20–25 Minuten gar kochen lassen, abgießen, abdämpfen, heiß pellen, erkalten lassen, in Scheiben schneiden. Den Essig, Fleischbrühe, Zucker, Salz und Pfeffer zum Kochen bringen. Die Zwiebel abziehen, fein würfeln, hinzufügen, kurz aufkochen lassen, über die Kartoffelscheiben gießen, vorsichtig durchheben. Die Flüssigkeit muß von den Kartoffeln vollkommen aufgesaugt werden, ab und zu vorsichtig durchheben. Die Kräuter vorsichtig abspülen, trockentupfen, die Blättchen von den Stengeln zupfen, die Blättchen fein hacken. Die Salatgurke schälen, in kleine Würfel schneiden, mit den Kräutern unter die Kartoffelscheiben mischen, nochmal mit Salz und Pfeffer abschmecken. Saure Sahne oder Crème fraîche getrennt dazu reichen.

Bouillonkartoffeln MIT RINDERBRUST

500 g Rinderbrust
2 l Salzwasser
800 g mehlig-festkochende Kartoffeln
100 g Sellerie, 5 Möhren
1 Stange Porree (Lauch)
Salz, frisch gemahlener Pfeffer
Streuwürze, gehackte Petersilie

Die Rinderbrust abspülen, in kochendes Salzwasser geben, zum Kochen bringen, in etwa 2 Stunden gar kochen lassen. Das gare Fleisch aus der Brühe nehmen, in Alufolie einschlagen, im Backofen warm stellen. Die Kartoffeln und Sellerie schälen, Möhren putzen und schälen. Das Gemüse waschen, in kleine gleichmäßige Würfel schneiden (Kartoffeln können auch in größere Würfel geschnitten werden). Den Porree putzen, das dunkle Grün bis auf etwa 10 cm entfernen, in Ringe schneiden, gründlich waschen, mit dem übrigen Gemüse in einen Topf geben, mit 1–1 1/2 l Rindfleischbrühe auffüllen, zum Kochen bringen, etwa 20 Minuten kochen lassen, mit Salz, Pfeffer und Streuwürze abschmecken und mit Petersilie bestreuen. Das Fleisch aus dem Backofen nehmen, in Scheiben schneiden, auf einer Platte anrichten.

Matjes-
KARTOFFELSALAT

750 g Salatkartoffeln
25 g TK-Kräuter
50 g Walnußkerne
250 ml (1/4 l) Schlagsahne
1 EL mittelscharfer Senf
Salz
frisch gemahlener Pfeffer
Gurkenwasser
6 Matjesfilets
1–2 Zwiebeln
2 Essiggurken
2 säuerliche Äpfel

Die Kartoffen waschen, in Wasser zum Kochen bringen, in 20–25 Minuten gar kochen lassen, abgießen, pellen, in Scheiben schneiden. Die Kräuter mit grob gehackten Walnußkernen, Sahne und Senf verrühren, mit Salz, Pfeffer und Gurkenwasser abschmecken. Die Matjesfilets abspülen, würfeln. Die Zwiebeln und Essiggurken in kleine Würfel schneiden. Die Äpfel schälen, vierteln, entkernen, in Stifte schneiden. Alle Zutaten in die Sahnesauce geben, die Kartoffeln unterheben. Den Salat 1–2 Stunden ziehen lassen.

TIP

Wenn die Matjes sehr salzig sind, sie evtl. 30 Minuten wässern.

Kartoffel-
GULASCH

(ohne Foto)

1 kg festkochende Kartoffeln
Wasser, 3 Zwiebeln (etwa 120 g)
50 g Margarine
30 g Weizenmehl
625 ml Milch, 500 g Fleischwurst
2 Bund glatte Petersilie
3 EL Weißwein
Salz, frisch gemahlener Pfeffer
geriebene Muskatnuß

Die Kartoffeln waschen, in Wasser zum Kochen bringen, in 20–25 Minuten gar kochen lassen, abgießen, sofort pellen, abgekühlt in Scheiben schneiden. Die Zwiebeln abziehen, fein würfeln. Die Margarine zerlassen, die Zwiebelwürfel darin glasig dünsten lassen. Das Mehl darüberstäuben, mit Milch ablöschen, zum Kochen bringen, kochen lassen. Die Fleischwurst pellen, in Würfel schneiden, mit den Kartoffelscheiben in die Sauce geben, erhitzen. Die Petersilie abspülen, vorsichtig trockentupfen, fein hacken, zu dem Kartoffel-Gulasch geben, mit Weißwein, Salz, Pfeffer und Muskatnuß abschmecken.

Beigabe: Gemischter Salat.

Pikanter KARTOFFELSALAT

750 g festkochende Pellkartoffeln
200 g gekochtes Rindfleisch
1 Stange Porree (Lauch)
150 g gedünstete Pfifferlinge
3–4 Tomaten

Für die Salatsauce:
1 große Zwiebel
6 EL Speiseöl
4–5 EL Kräuter-Essig
1 TL Senf
Salz
frisch gemahlener Pfeffer

Die Pellkartoffeln noch heiß pellen, in Scheiben schneiden. Das Rindfleisch in Würfel schneiden, Porree (Lauch) putzen, das dunkle Grün bis auf etwa 10 cm entfernen, den Porree längs halbieren, in schmale Streifen schneiden und waschen.

Die Pfifferlinge evtl. halbieren, Tomaten kurze Zeit in kochendes Wasser legen (nicht kochen lassen), in kaltem Wasser abschrecken, enthäuten, die Stengelansätze herausschneiden, die Tomaten in Würfel schneiden.
Für die Salatsauce die Zwiebel abziehen, würfeln, mit Speiseöl, Kräuter-Essig und Senf verrühren, mit Salz und Pfeffer würzen, mit den Salatzutaten vermengen. Den Salat etwa 1 Stunde durchziehen lassen.

TIP

Das Rindfleisch kann durch gekochte, gepökelte Rinderzunge oder gegartes Kasseler ersetzt werden.

Gebratener KARTOFFELSALAT MIT RÄUCHERLACHS

(ohne Foto)

750 g festkochende Kartoffeln
6 EL Speiseöl, 2 EL Sesamsamen
3 EL Weißweinessig
Salz, frisch gemahlener Pfeffer
1 Salatgurke
200 g Räucherlachs (in Scheiben)
1 Bund Dill

Die Kartoffeln schälen, waschen, in etwa 1 cm große Würfel schneiden. Das Speiseöl erhitzen, die Kartoffelwürfel darin unter häufigem Wenden leicht braun braten, zudecken, in etwa 10 Minuten garen. Den Sesamsamen zu den Kartoffeln geben, kurz mitrösten, den Weißweinessig über die Kartoffeln geben, mit Salz und Pfeffer würzen. Die Salatgurke waschen, evtl. schälen, halbieren, entkernen, das Fruchtfleisch in etwa 1 cm große Würfel schneiden. Den Räucherlachs evtl. entgräten, in Streifen schneiden. Den Dill abspülen, trockentupfen, fein hacken. Die Gurkenwürfel, Räucherlachs und Dill unter die Kartoffeln mengen, sofort servieren.

TIP

Der Salat schmeckt auch ohne Räucherlachs als Beilage zu kurzgebratenem Fisch oder Fleisch.

Spinat-KARTOFFELSALAT

1 kg festkochende Kartoffeln
250 ml (1/4 l) Gemüsebrühe
2 Zwiebeln, Salz
frisch gemahlener Pfeffer
4–5 EL Kräuteressig, Zucker
200 g frischer Spinat
1 Bund Radieschen
1 Bund Schnittlauch
75 g Speck

Die Kartoffeln waschen, in Wasser zum Kochen bringen, in 20–25 Minuten gar kochen lassen, abgießen, pellen, in Würfel schneiden. Die warmen Kartoffelwürfel mit der Brühe, den abgezogenen, feingehackten Zwiebeln, Salz, Pfeffer, Essig und etwas Zucker vermengen, etwas durchziehen lassen.
Die Spinatblätter und die Radieschen putzen, waschen, fein schneiden, unter den Salat mischen, nochmals abschmecken. Den Schnittlauch abspülen, trockentupfen, fein schneiden, hinzugeben. Zum Schluß den gewürfelten, ausgelassenen Speck über den Salat geben.

Kartoffeln MIT CRÈME FRAÎCHE UND KAVIAR

12 neue, möglichst gleich große Kartoffeln (etwa 1200 g)
Salzwasser

Für die Füllung:
1 Zwiebel
300 g (2 Becher) Crème fraîche
Salz
frisch gemahlener Pfeffer
Zucker
1 Gewürzgurke
1 Bund gehackter Dill oder 1 EL Dillspitzen
50 g Deutscher Kaviar (aus dem Glas)
abgespülte Dillzweige

Die Kartoffeln in kaltem Wasser gründlich bürsten, waschen, zugedeckt in Salzwasser zum Kochen bringen, in 20–25 Minuten gar kochen lassen.
Für die Füllung die Zwiebel abziehen, halbieren, fein würfeln, mit Crème fraîche, Salz, Pfeffer und Zucker verrühren. Die Gewürzgurke in sehr feine Würfel schneiden, mit dem Dill zu der Crème fraîche-Masse geben.
Die garen Kartoffeln abgießen, kurz mit kaltem Wasser abspülen, pellen, an der längeren Seite mit einem Teelöffel etwa bis zur Hälfte aushöhlen. Die Kartoffeln auf eine vorgewärmte Platte setzen, jeweils etwas von der Füllung hineingeben, auf jede Kartoffel etwas Kaviar setzen, mit Dillzweigen garniert servieren.

Abwandlung: Anstatt der Crème fraîche-Masse können die Kartoffeln auch mit einem pikanten Kräuterquark gefüllt werden. Dazu wird 500 g Speisequark mit etwas Schlagsahne verrührt, mit Salz und Pfeffer abgeschmeckt. Zuletzt werden 3 Eßlöffel gemischte Kräuter untergerührt.

TIP

Dieses Gericht eignet sich als kleiner, feiner Imbiß, als Vorspeise oder als Beilage zu gegrilltem Fleisch.

Karamel-KARTOFFELN

750 g möglichst kleine, runde, festkochende Kartoffeln
50 g Zucker, 50 g Butter
1 TL Weißwein
100 g durchwachsener Speck
2 Äpfel

Die Kartoffeln waschen, mit Wasser zum Kochen bringen, in 15–20 Minuten knapp gar kochen lassen, abgießen, abdämpfen, heiß pellen, die Kartoffeln warm stellen. Den Zucker in einer Pfanne unter ständigem Rühren so lange erhitzen, bis er goldbraun ist, Butter hinzufügen, zerlassen, mit Weißwein ablöschen, die Kartoffeln 5–10 Minuten darin schmoren lassen. Den Speck in Würfel schneiden, auslassen. Die Äpfel schälen, vierteln, entkernen, die Apfelviertel in Scheiben schneiden, zum Speck geben, kurze Zeit miterhitzen, zu den Kartoffeln geben.

TIP

Die Karamel-Kartoffeln zu kurzgebratenem Fleisch oder Grünkohl reichen.

Kartoffelsuppe MIT GRÜNKOHL

(ohne Foto – für 6–8 Portionen)

1 Schinkenknochen (etwa 1 kg)
500 g durchwachsener Speck
3 l kaltes Wasser

1 Bund Suppengrün
750 g vorbereiteter Grünkohl
kochendes Salzwasser
200 g Zwiebeln
1 kg mehligkochende Kartoffeln
1 Bund Suppengrün
1 Bund glatte Petersilie
250 ml (1/4 l) Schlagsahne
Salz, frisch gemahlener Pfeffer
6–8 Würstchen
150 g fetter Speck
1 mittelgroße Zwiebel

Den Schinkenknochen vom Schlachter in Stücke sägen lassen, die Knochenstücke unter fließendem kaltem Wasser abspülen, mit dem durchwachsenen Speck in das Wasser geben, zum Kochen bringen. Das Suppengrün putzen, waschen, kleinschneiden, hinzufügen. Den Speck nach etwa 1 1/2 Stunden herausnehmen, in Scheiben oder Streifen schneiden, in Alufolie wickeln, beiseite legen. Den Schinkenknochen weitere 1 1/2 Stunden in der Brühe ziehen lassen. Die Brühe durch ein Sieb gießen, den Schinkenknochen abkühlen lassen, das Fleisch ablösen, in Alufolie wickeln, beiseite legen. Den Grünkohl gründlich waschen, in reichlich, kochendes Wasser geben, zum Kochen bringen, 5 Minuten blanchieren, abgießen, grob schneiden. Die Zwiebeln abziehen, längs in Streifen schneiden. Die Kartoffeln schälen, waschen, in Würfel schneiden. Das Suppengrün putzen, waschen, kleinschneiden. Das Gemüse in die Brühe geben, etwa 30 Minuten kochen. Die Petersilie vorsichtig abspülen, trockentupfen, die Blättchen von den Stielen zupfen, fein hacken, mit der Schlagsahne in die Suppe rühren, nach Belieben mit Salz und Pfeffer würzen. Das Schinkenfleisch, Speck und Würstchen in die Suppe geben, darin erhitzen. Den fetten Speck in kleine Würfel schneiden, auslassen. Die Zwiebel abziehen, in Scheiben schneiden, darin goldbraun braten, die Speck-Zwiebelmasse in die Suppe geben, 10 Minuten durchziehen lassen.
Garzeit: etwa 4 Stunden.

TIP

Der Schinkenknochen kann durch geräucherte Dicke Rippe ersetzt werden. Sie hat dieselbe Garzeit wie der Speck.

Kartoffelsuppe »RASPUTIN«

375 g Rindfleisch
2 EL Speiseöl
1 l Fleischbrühe
600 g mehligkochende Kartoffeln
1 Bund Suppengrün
Salz
frisch gemahlener Pfeffer
gerebelter Majoran
150 g durchwachsener Speck
2 EL saure Sahne
2 EL gehackte Petersilie

Das Rindfleisch unter fließendem kaltem Wasser abspülen, trockentupfen, würfeln, in dem Öl anbraten, die Brühe zugeben, etwa 40 Minuten kochen lassen. Die Kartoffeln schälen, waschen, würfeln, zum Rindfleisch geben. Das Suppengrün putzen, waschen, in Scheiben schneiden. Das Suppengrün in die Suppe geben, mit Salz, Pfeffer, Majoran würzen, in etwa 20 Minuten gar kochen. Einen Teil der Kartoffeln zerdrücken. Den Speck würfeln, ausbraten, zum Schluß mit der sauren Sahne auf die Suppe geben, mit Petersilie bestreut servieren.

Kartoffelsalat MIT MEERRETTICH-SAUCE

750 g kleine festkochende Kartoffeln
1 Zwiebel
125 ml (1/8 l) Fleischbrühe
4 EL Essig
1 TL Zucker
frisch gemahlener Pfeffer
Salz
1 Bund Radieschen (250 g, mit Grün)
150 g Maiskörner (aus der Dose)
1–2 EL geriebener Meerrettich
1 EL Mayonnaise (50%)
1 Becher (150 g) saure Sahne
2–3 EL Zitronensaft
1 TL Zucker
1 Bund Dill
2 Zweige Zitronenmelisse

Die Kartoffeln waschen, in etwa 20 Minuten gar kochen, abgießen, pellen, in Scheiben schneiden. Die Zwiebel abziehen, würfeln, mit Fleischbrühe, Essig, Zucker und Pfeffer aufkochen, den Sud mit Salz abschmecken, über die noch warmen Kartoffelscheiben gießen, vorsichtig vermengen, alles so lange ziehen lassen, bis die Marinade von den Kartoffeln vollkommen aufgenommen worden ist, ab und zu vorsichtig umrühren. Die Radieschen putzen, waschen, in Scheiben schneiden. Die Maiskörner abtropfen lassen, mit den Radieschenscheiben zu den Kartoffeln geben. Den Meerrettich, Mayonnaise, saure Sahne, Zitronensaft und Zucker verrühren, unter den Salat mengen. Den Dill und die Zitronenmelisse abspülen, trockentupfen, hacken, die Kräuter kurz vor dem Servieren unter den Salat mengen.

Warmer KARTOFFELSALAT MIT BOULETTEN

Für den Kartoffelsalat:
1 kg Salatkartoffeln
150 g magerer Speck
1 EL Zwiebelwürfel
125 ml (1/8 l) heißes Wasser
4–5 EL Essig
Salz
frisch gemahlener Pfeffer

Für die Bouletten:
600 g Hackfleisch (halb Rind-, halb Schweinefleisch)
2 EL Zwiebelwürfel
1 Ei
2 gestr. TL Senf
1 eingeweichtes, gut ausgedrücktes Brötchen
Salz
frisch gemahlener Pfeffer
Paprikapulver
4 Käsestreifen (1 1/2 dick, 8 cm lang)
Margarine

Für die Sauce:
1 Becher (125 g) Crème double
Salz
frisch gemahlener Pfeffer
1 EL gemischte, gehackte Kräuter

Für die Beilage:
500 g Möhren
250 ml (1/4 l) Salzwasser
250 g vorbereiteter Porree (Lauch)
125 ml (1/8 l) Salzwasser
zerlassene Butter
frisch gemahlener Pfeffer
geriebene Muskatnuß

Für den Salat die Kartoffeln in Salzwasser in 20–25 Minuten gar kochen, abgießen, noch heiß pellen, in Scheiben schneiden. Den Speck fein würfeln, auslassen. Die Zwiebelwürfel und das heiße Wasser zu dem Speckfett geben, mit Essig, Salz und Pfeffer verrühren, mit den noch warmen Kartoffelscheiben vermengen, in eine Auflaufform geben. Die Form in den vorgeheizten Backofen stellen. Den Backofen ausschalten. Den Salat etwa 30 Minuten durchziehen lassen, ab und zu wenden. Den Salat nochmals abschmecken.

Für die Bouletten das Hackfleisch mit den Zwiebelwürfeln, Ei, Senf und Brötchen gut vermengen, mit Salz, Pfeffer und Paprika abschmecken. Die Masse vierteln. Jedes Hackfleischviertel länglich formen, der Länge nach aufschneiden. Jeweils einen Käsestreifen in eine Boulette legen, schließen. Die Bouletten in erhitzter Margarine 15 Minuten braten, kalt oder warm zu dem Salat reichen.

Für die Sauce Crème double, Salz, Pfeffer und Kräuter verrühren, mit den Bouletten anrichten.

Für die Beilage die Möhren putzen, waschen, in Scheiben schneiden, in Salzwasser geben 8–10 Minuten garen. Den Porree in das kochende Salzwasser geben, etwa 5 Minuten garen. Das Gemüse abtropfen lassen, in der zerlassenen Butter schwenken. Die Möhren mit Pfeffer und den Porree mit Muskat würzen.

Frühsommerlicher SALAT

(ohne Foto)

400 g Frühkartoffeln
1 Salatgurke
150 g Mai-Gouda oder junger Gouda
2 hartgekochte Eier, 100 g Shrimps

Für die Salatsauce:
4–5 EL Salatöl
3 EL Essig, 1 TL Senf
Salz, frisch gemahlener Pfeffer
Zucker
1 Bund Dill

Die Kartoffeln waschen, in Salzwasser zum Kochen bringen, in 20–25 Minuten gar kochen, abgießen, noch heiß pellen, abkühlen lassen, in Scheiben schneiden.
Die Salatgurke waschen, der Länge nach halbieren, entkernen, das Fruchtfleisch in feine Scheiben schneiden. Den Gouda in kleine Würfel schneiden. Die Eier pellen, fein hacken, Shrimps unter fließendem kaltem Wasser abspülen, trockentupfen. Für die Salatsauce Öl mit Essig und Senf verrühren, mit Salz, Pfeffer und Zucker würzen. Den Dill abspülen, trockentupfen, fein hacken, unterrühren und mit den Salatzutaten vermengen.

TIP

Wer mag, kann diesen Salat mit 200 g Schinkenfleischwurst anreichern.

Kartoffel-CREMESUPPE

2 mittelgroße Zwiebeln
1 Bund Suppengrün
15 g Butter
250 g mehligkochende Kartoffeln
500 ml (1/2 l) Fleischbrühe
125 ml (1/8 l) Schlagsahne
Salz
frisch gemahlener Pfeffer
gerebeltes Basilikum
1 Brötchen
1 1/2 EL Butter
gehackte Kerbelblättchen

Die Zwiebeln abziehen, würfeln. Das Suppengrün putzen, waschen, kleinschneiden. Die Butter zerlassen, die Zwiebelwürfel und das Suppengrün darin andünsten. Die Kartoffeln schälen, waschen, in Würfel schneiden, mit der Fleischbrühe hinzufügen, zum Kochen bringen, in 15 Minuten gar kochen lassen. Die Suppe pürieren oder durch ein Sieb passieren. Die Schlagsahne hinzugießen. Die Suppe mit Salz, Pfeffer und Basilikum würzen. Das Brötchen in Würfel schneiden. Die Butter zerlassen, die Brötchenwürfel darin braun rösten. Die Suppe mit Kerbelblättchen bestreuen und mit den Brötchenwürfeln anrichten.

Kartoffel-
SALAT

(4–6 Portionen)

800 g gegarte, gepellte Salatkartoffeln
2 Schalotten, 3 EL Pflanzenöl
frisch gemahlener Pfeffer
125 ml (1/8 l) Gemüsebrühe
3–4 EL Essig
150 g Gewürzgurken
1 Bund Radieschen
3 EL frischgehackte Kräuter
(Schnittlauch, Petersilie)
Salatblätter

Die Kartoffeln in Scheiben schneiden. Die abgezogenen Schalotten fein würfeln. In einer Pfanne zusammen mit dem Öl andünsten. Dann Pfeffer, Brühe und Essig unterrühren. Die Brühe heiß über die Kartoffelscheiben gießen. Vorsichtig umrühren. Dann mindestens 1 Stunde durchziehen lassen.
Vor dem Servieren die gewürfelten Gurken und die geputzten, gewaschenen und kleingeschnittenen Radieschen untermischen. Alles nochmals abschmecken, mit Kräutern bestreuen. Nach Belieben auf Salatblättern anrichten.

Beigabe: Hartgekochte Eier.

Senf-
KARTOFFELN

(ohne Foto)

1 kg festkochende Kartoffeln

Für die Senfsauce:
30 g Butter oder Margarine
30 g Weizenmehl
500 ml (1/2 l) heiße Fleischbrühe
2 schwach geh. EL mittelscharfer Senf
Salz
Essig
Zucker

Die Kartoffeln waschen, in Wasser zum Kochen bringen, in 20–25 Minuten gar kochen lassen, abgießen, sofort pellen, erkalten lassen, in Scheiben schneiden.
Für die Senfsauce Butter oder Margarine zerlassen, das Mehl unter Rühren so lange darin erhitzen, bis es hellgelb ist, die Brühe hinzugießen, mit einem Schneebesen durchschlagen, darauf achten, daß keine Klumpen entstehen, die Sauce zum Kochen bringen, etwa 5 Minuten kochen lassen. Den Senf hinzufügen, die Sauce mit Salz abschmecken.
Die Kartoffeln hinzufügen, etwa 10 Minuten darin ziehen lassen, mit Essig und Zucker abschmecken.

TIP

Zu kurzgebratenem Fleisch (Kotelett, Frikadellen, Bratwurst) reichen.

Kartoffel-PFIFFERLING-CREMESUPPE

250 g frische Pfifferlinge
(ersatzweise Pilze aus der Dose)
1 große Zwiebel
375 g mehligkochende Kartoffeln
1 EL Butter oder Margarine
750 ml (3/4 l) Gemüsebrühe
150 g Tofu, 3–4 EL Soja-Sauce
frisch gemahlener Pfeffer
2 EL trockener Sherry
1/2 Bund Basilikum

Die Pfifferlinge putzen, evtl. waschen, größere Pilze zerschneiden. Die Zwiebel abziehen, in feine Würfel schneiden. Die Kartoffeln waschen, schälen, in kleine Würfel schneiden. Das Fett in einem Topf zerlassen, die Pilze darin kurz anbraten, herausnehmen und warm stellen. Dann die Zwiebelwürfel und die Kartoffelwürfel im Topf hell andünsten, mit der Brühe ablöschen und zugedeckt etwa 15 Minuten bei geringer Hitze köcheln lassen. Den Tofu vor der Verwendung etwa 5 Minuten in kaltem Wasser ruhen lassen, dann würfeln und einrühren. Die Suppe anschließend im Mixer oder mit dem Pürierstab im Topf glatt pürieren und schaumig aufschlagen. Wieder aufkochen und mit Soja-Sauce, Pfeffer und Sherry abschmecken. Die Pfifferlinge kurz wieder darin erhitzen. Das Basilikum abspülen, die Blättchen von den Stengeln zupfen, fein schneiden und über die Suppe geben.

Pellkartoffeln IN SAHNE-SAUCE

(ohne Foto)

750 g mehlig-festkochende Kartoffeln
200 g gekochter Schinken

Für die Sauce:
40 g Butter
40 g Weizenmehl
375 ml (3/8 l) Milch oder Gemüsebrühe
250 ml (1/4 l) Schlagsahne
Salz
frisch gemahlener Pfeffer
frisch geriebene Muskatnuß
2 EL gehackter Dill

Die Kartoffeln waschen, in so viel Wasser zum Kochen bringen, daß die Kartoffeln bedeckt sind, in 20–25 Minuten gar kochen lassen, abgießen, abdämpfen, heiß pellen, in große Würfel schneiden. Den Schinken in Würfel schneiden.
Für die Sauce die Butter zerlassen, das Mehl unter Rühren so lange darin erhitzen, bis es hellgelb ist, die Milch oder Brühe hinzugießen, mit einem Schneebesen durchschlagen, darauf achten, daß keine Klumpen entstehen, die Sauce zum Kochen bringen, etwa 5 Minuten kochen lassen. Die Schlagsahne in die Sauce rühren, Kartoffel- und Schinkenwürfel hinzufügen, erhitzen. Die Sahnesauce mit Salz, Pfeffer und Muskatnuß würzen. Vor dem Servieren den Dill unterrühren.

Beigabe: Gemischter Salat.

Matjes MIT KARTOFFELN

(ohne Foto)

1 kg neue Kartoffeln
500 g grüne Bohnen, 2 TL Bohnenkraut
150 g durchwachsener Speck
2 rote Zwiebeln
100 ml Fleischbrühe
2 EL Weißweinessig
Salz, frisch gemahlener Pfeffer, Zucker
8 Matjesfilets, Zwiebelringe

Die Kartoffeln waschen, in Wasser zum Kochen bringen, in 20–25 Minuten gar kochen lassen. Die Bohnen putzen, waschen, in kochendem Salzwasser mit Bohnenkraut 12–15 Minuten garen. Den Speck würfeln, in einer Pfanne ohne Fett auslassen. Die Zwiebeln abziehen, in Ringe schneiden, zu dem Speck geben. Die Fleischbrühe und den Weißweinessig angießen, mit Salz, Pfeffer und Zucker abschmecken. Die Matjesfilets abspülen, trockentupfen, mit Zwiebelringen anrichten. Dazu die Bohnen mit Speckstippe und die Pellkartoffeln reichen.

Pellkartoffeln MIT KRÄUTERQUARK

1 kg festkochende Kartoffeln
1 Becher (150 g) Magerjoghurt
500 g Magerquark
½–1 Becher (75–150 g) Crème fraîche
Salz
frisch gemahlener Pfeffer
Knoblauchpulver
600 g Salatgurke
je 1 Bund Petersilie, Dill und Schnittlauch
1–2 Kästchen Kresse

Die Kartoffeln waschen, in Wasser zum Kochen bringen, in 20–25 Minuten gar kochen lassen, abgießen, pellen. Joghurt, Quark, Crème fraîche und Gewürze verrühren. Die Gurke waschen und würfeln. Die Kräuter abspülen, trockentupfen, hacken. Die Kresse abschneiden und mit den anderen Zutaten unter den Quark mengen.

Béchamel-
KARTOFFELN

750 g kleine, festkochende Kartoffeln
Wasser
75 g durchwachsener Speck
1 EL Butter, 1 Zwiebel
25 g Weizenmehl
250 ml (1/4 l) Fleischbrühe
125 ml (1/8 l) Milch
125 ml (1/8 l) Schlagsahne
Salz, frisch gemahlener Pfeffer
frisch geriebene Muskatnuß
2 EL gehackte Petersilie

Die Kartoffeln in so viel Wasser zum Kochen bringen, daß die Kartoffeln bedeckt sind, in 20–25 Minuten gar kochen lassen, abgießen, mit kaltem Wasser übergießen, pellen. Den durchwachsenen Speck in Würfel schneiden. Die Butter zerlassen, die Speckwürfel darin ausbraten, die Zwiebel abziehen, würfeln, darin andünsten, mit Mehl bestäuben, kurz miterhitzen. Die Fleischbrühe, Milch und Schlagsahne nach und nach hinzugießen, mit einem Schneebesen durchschlagen, darauf achten, daß keine Klumpen entstehen. Die Sauce zum Kochen bringen, etwa 5 Minuten kochen lassen, mit Salz, Pfeffer und Muskatnuß würzen. Die lauwarmen Kartoffeln ganz oder in Scheiben geschnitten in die Sauce geben, unter vorsichtigem Umrühren darin erhitzen, die Petersilie unterrühren.

Ostdeutscher
KARTOFFEL-SALAT

1 kg Salatkartoffeln
Wasser, 2 Zwiebeln

Für die Salatsauce:
4 EL Salatöl
5 EL Kräuteressig
Salz, frisch gemahlener Pfeffer, Zucker
1–2 EL feingeschnittener Schnittlauch
200 g durchwachsener Speck
3 EL Speiseöl, 5 EL Wasser

Die Salatkartoffeln waschen, in so viel Wasser zum Kochen bringen, daß die Kartoffeln bedeckt sind, in 20–25 Minuten gar kochen lassen, abgießen, abdämpfen, heiß pellen. Die Zwiebeln abziehen.
Für die Salatsauce Salatöl mit Kräuteressig, Salz, Pfeffer und Zucker verrühren. Die Salatsauce mit den Salatzutaten vermengen, gut durchziehen lassen, Schnittlauch unterrühren. Den Speck in Würfel schneiden, Speiseöl erhitzen, die Speckwürfel darin ausbraten, mit Wasser loskochen, die Speckgrieben mit der Flüssigkeit über den Kartoffelsalat geben.

TIP

Zwei Salzgurken in Scheiben schneiden, mit den Salatzutaten vermengen.

Kartoffelsalat MIT SOJA-BOHNEN

(3–4 Portionen)

500 g festkochende Kartoffeln
1/2 TL Kümmel
100 g rote Zwiebeln
250 g Sojabohnenkeimlinge
Für die Sauce:
1 TL mittelscharfer Senf
1–2 EL Zitronensaft, Salz
1/2 TL Ingwerpulver
2 EL Schlagsahne
6 EL Joghurt-Salat-Creme

Die Kartoffeln waschen, in Wasser mit dem Kümmel in etwa 20–25 Minuten gar kochen lassen, pellen und in dünne Scheiben schneiden. Die Zwiebeln abziehen, fein würfeln. Die Sojabohnenkeimlinge in ein Sieb geben, abspülen, abtropfen lassen und mit den Zwiebelwürfeln zu den Kartoffeln geben. Für die Sauce Senf, Zitronensaft, etwas Salz, Ingwerpulver, Sahne und Joghurt-Salat-Creme vermischen, über die Kartoffeln und Sojabohnenkeimlinge geben und unterrühren. Den Salat etwas ziehen lassen.

Pellkartoffeln MIT GEMÜSE

(ohne Foto)

1 kg neue Kartoffeln
350 g Kohlrabi
350 g Möhren
1 Zwiebel
100 g Zuckerschoten
20 g Butter
250 ml (1/4 l) Schlagsahne
Salz
frisch gemahlener Pfeffer
geriebene Muskatnuß
1/2 Bund gehackte Kerbelblättchen

Die Kartoffeln waschen, in Wasser zum Kochen bringen, in 20–25 Minuten gar kochen lassen. Die Kohlrabi und Möhren putzen, waschen, schälen und kleinschneiden. Die Zwiebel abziehen, würfeln. Die Zuckerschoten putzen, waschen. Die Zwiebelwürfel in der heißen Butter glasig dünsten, das Gemüse hinzugeben. Die Sahne angießen, aufkochen und etwa 12 Minuten garen. Das Gemüse mit Salz, Pfeffer, Muskatnuß abschmecken, die Kerbelblättchen zugeben. Die Pellkartoffeln dazu reichen.

Kartoffelsalat MIT SPECK UND ZWIEBELN

800 g große, mehlig-festkochende Kartoffeln (4 Stück)
Salz
2 Zwiebeln oder Schalotten
4 dünne Scheiben durchwachsener Speck (30 g)
2 EL Speiseöl
2 EL Kräuteressig
Salz
frisch gemahlener Pfeffer
Borretschblätter

Die Kartoffeln waschen, in Wasser zum Kochen bringen, in 20–25 Minuten gar kochen lassen, abgießen, abdämpfen, pellen, erkalten lassen und der Länge nach halbieren. 4 Hälften mit Salz bestreuen, die anderen längs halbieren und in dünne Scheiben schneiden. Zwiebeln oder Schalotten abziehen und in Würfel schneiden. Die Speckscheiben längs halbieren, Speiseöl in einer Pfanne erhitzen und Schalottenwürfel und Speck darin glasig dünsten. Kräuteressig, Salz und Pfeffer dazugeben, mit den Kartoffelscheiben mischen und auf die gesalzenen Kartoffelhälften geben. Mit Borretschblättern garnieren.

Kartoffel-KÄSE-SALAT

750 g festkochende Kartoffeln
1 große rote Paprikaschote
200 g TK-Erbsen (fein)
300 g Emmentaler
125 g Crème double
100 g Mayonnaise
Gurkenwasser
1–2 EL mittelscharfer Senf
Salz
frisch gemahlener Pfeffer
Zucker
1 Bund feingeschnittener Schnittlauch

Die Kartoffeln waschen, in Salzwasser 20–30 Minuten kochen, pellen, abkühlen lassen, in Würfel schneiden. Die Paprikaschote putzen, entkernen, waschen, in kleine Würfel schneiden, in eine Schüssel geben. Die aufgetauten Erbsen in wenig Salzwasser dünsten, erkalten lassen, mit dem gewürfelten Emmentaler zu den Kartoffeln geben. Crème double, Mayonnaise, Gurkenwasser, Senf, Salz, Pfeffer und Zucker mit einem Schneebesen verrühren, unter die Kartoffeln mischen. Den Salat etwa 1 Stunde durchziehen lassen, mit Schnittlauch bestreut servieren.

Kroß und würzig – KARTOFFELN AUS DER PFANNE

Petersilien-KARTOFFELN

1 kg gleichgroße, festkochende Kartoffeln
40 g Butter oder Margarine
Salz
2 EL gehackte Petersilie

Die Kartoffeln waschen, in Wasser zum Kochen bringen, in 20–30 Minuten gar kochen lassen, abgießen, sofort pellen, nach Belieben halbieren. Die Butter oder Margarine zerlassen, Kartoffeln, Salz und Petersilie hinzufügen, kurz anbraten.

Geschmorte KRÄUTER-KARTOFFELN

(ohne Foto)

1 kg neue Kartoffeln
50 g Butterschmalz
Salz
frisch gemahlener Pfeffer
2–3 Knoblauchzehen
2 Zwiebeln
125 ml (1/8 l) Fleischbrühe
1 Bund Dill
1 Bund glatte Petersilie
1 Bund Schnittlauch
1 Bund Sauerampfer

Die Kartoffeln gut waschen, die Haut abbürsten, wieder waschen, in Scheiben schneiden. Das Butterschmalz erhitzen, die Kartoffelscheiben darin unter Wenden etwa 15 Minuten goldbraun braten, mit Salz und Pfeffer würzen. Die Knoblauchzehen und Zwiebeln abziehen, in Scheiben schneiden, zu den Kartoffeln geben, mitbraten lassen. Die Fleischbrühe hinzugießen, etwa 10 Minuten schmoren lassen. Die Kräuter abspülen, vorsichtig trockentupfen, grob hacken, unter die Kartoffeln heben, sofort servieren.

Beilage: Spiegeleier, Tomaten-Salat mit Sauce vinaigrette.

Kräuter-KARTOFFELN

(Foto Seite 38/39)

750–1000 g kleine, festkochende Kartoffeln
2–3 EL Butter
Meersalz
frisch gemahlener Pfeffer
1 EL gehackte Thymianblättchen
1 EL gehackte Lavendelblättchen
1 EL gehackte Basilikumblättchen

Die Kartoffeln waschen, in so viel Wasser zum Kochen bringen, daß die Kartoffeln bedeckt sind, in 20–25 Minuten gar kochen, abgießen, abdämpfen lassen, heiß pellen, erkalten lassen. Die Butter zerlassen, die Kartoffeln darin von allen Seiten in etwa 10 Minuten braun braten lassen, mit Salz und Pfeffer würzen. Die Thymianblättchen, Lavendelblättchen und Basilikumblättchen unterrühren, 2–3 Minuten mitbraten lassen. Die Kräuterkartoffeln sofort servieren.

Beilage: Gebratene Lammkeule.

Rosmarin-KARTOFFELN

1 kg kleine, längliche, festkochende Kartoffeln
150 g Schalotten, 4 EL Olivenöl
20 g Butter, 4 Knoblauchzehen
1 EL frische Rosmarinnadeln
Salz, frisch gemahlener Pfeffer

Die Kartoffeln gründlich unter fließendem Wasser abbürsten, in kochendes Wasser geben und etwa 15 Minuten kochen. Die Kartoffeln abkühlen lassen und längs vierteln. Die Schalotten abziehen, das Olivenöl und die Butter erhitzen. Die Kartoffeln und Schalotten hineingeben. Den Knoblauch abziehen, in Scheiben schneiden und mit dem Rosmarin zu den Kartoffeln geben. Die Kartoffeln unter gelegentlichem Wenden knusprig braten, mit Salz und Pfeffer würzen.

TIP

Die Kartoffeln in Scheiben schneiden und mit Kräutern wie Salbei, Majoran oder Thymian würzen.

Pytt I PANNE

(2–3 Portionen – ohne Foto)

400 g gekochte, festkochende Kartoffeln
1–2 Zwiebeln
150 g gekochter Schinken oder Speck
1–2 Gewürzgurken
30 g Butter oder Margarine
gut 125 ml (1/8 l) Instant-Braten-Sauce
1 Becher (150 g) Crème fraîche
1 EL gehackte Petersilie

Die Kartoffeln in Scheiben schneiden, Zwiebeln abziehen. Die Zwiebeln, den gekochten Schinken oder Speck und die Gewürzgurken in Würfel schneiden. Die Butter oder Margarine zerlassen, Kartoffelscheiben, Zwiebel-, Schinken- und Gurkenwürfel darin anbraten, Instant-Braten-Sauce und Crème fraîche unterrühren, kurz erhitzen, mit Petersilie bestreuen.

Garzeit: etwa 20 Minuten.

Beigabe: Grüner Salat.

Kartoffelcrêpes MIT KAVIAR

500 g festkochende Kartoffeln
5 Eier
1 EL Weizenmehl
250 g saure Sahne
1/2 Schalotte
Salz
frisch gemahlener Pfeffer
abgeriebene Schale von 1/4 Zitrone (unbehandelt)
etwa 40 g Butterschmalz
200 g Crème fraîche
125 g Lachs-Kaviar
2 Zweige Dill

Die Kartoffeln waschen, in kochendes Wasser geben und in 20–25 Minuten gar kochen. Die Kartoffeln abgießen, etwas abkühlen lassen, pellen und fein reiben.
Die Kartoffeln mit Eiern, Mehl und Sahne verrühren. Die Schalotte abziehen, durchpressen und unterrühren. Die Masse mit Salz, Pfeffer und Zitronenschale würzen. Butterschmalz in einer Pfanne zerlassen und eßlöffelweise kleine Crêpes darin ausbacken. Die Crêpes im Backofen warmhalten. Auf jeden Crêpe 1 Teelöffel Crème fraîche, Kaviar und etwas Dill geben.

TIP

Die Crêpes passen auch als Beilage zu gebratenem oder gegrilltem Fleisch. Als Hauptgericht Salat dazu reichen.

spanische KARTOFFEL-PFANNE

(Titelfoto)

Für das Tomatendressing:
300 g Strauchtomaten
100 ml Balsamico-Essig, 50 ml Olivenöl
50 ml Traubenkernöl, Salz
frisch gemahlener Pfeffer, Zucker
1 EL gehackte Petersilie

Für die Kartoffelpfanne:
1 kg kleine, festkochende Kartoffeln
Salz, 2 Lorbeerblätter
6 kleine Zweige Rosmarin
300 g Kirschtomaten
200 g Schalotten
200 g spanische Paprikawürste (Chorizo, 4 Stück)
5 EL Olivenöl
8 Knoblauchzehen
frisch gemahlener Pfeffer
4 Zweige Salbei
4 Zweige Thymian

Für das Dressing die Tomaten kurze Zeit in kochendes Wasser legen (nicht kochen lassen), in kaltem Wasser abschrecken, enthäuten, die Stengelansätze herausschneiden, die Tomaten entkernen und würfeln. Den Essig auf 3 Eßlöffel einkochen und kalt werden lassen. Mit Oliven- und Traubenkernöl verrühren. Mit Salz, Pfeffer und Zucker würzen. Die Tomatenstücke dazugeben und mit gehackter Petersilie bestreuen. Die Kartoffeln in Salzwasser mit den Lorbeerblättern und 2 Rosmarinzweigen in 20–25 Minuten gar kochen, abgießen, und noch warm pellen. Die Kirschtomaten waschen und abtropfen lassen. Die Schalotten abziehen und vierteln. Die Paprikawürste in dünne Scheiben schneiden. Das Olivenöl in einer großen Pfanne erhitzen. Die Kartoffeln, Schalotten und ungepellten Knoblauch darin anbraten. Mit Salz und Pfeffer würzen. Die Wurstscheiben dazugeben und einige Minuten mitbraten. Die restlichen Kräuter von den Stielen zupfen und 5 Minuten mit den Tomaten zur Kartoffelpfanne geben, einige Minuten mitbraten. Die Kartoffelpfanne mit dem Tomatendressing servieren.

Kartoffel-SPIESSCHEN

6–8 festkochende Kartoffeln
3–4 kurze, dicke Brühwürste
Salz
frisch gemahlener Pfeffer
100 g Frühstücksspeckscheiben
Speiseöl
3–4 Zwiebeln
1 Bund feingehackte Petersilie

Die Kartoffeln waschen, mit Wasser zum Kochen bringen, in etwa 20 Minuten knapp gar kochen lassen, abgießen, abdämpfen, pellen, erkalten lassen. Die Kartoffeln und die Brühwürste in etwa 1 cm dicke Scheiben schneiden, abwechselnd auf Spieße stecken, mit Salz und Pfeffer bestreuen. Die Speckscheiben um die Spieße wickeln, Speiseöl in einer Stielpfanne erhitzen, die Spieße darin von allen Seiten goldbraun braten, herausnehmen, warm stellen. Die Zwiebeln abziehen, in dünne Scheiben schneiden, in dem Bratfett knusprig braun braten, mit den Kartoffel-Spießchen anrichten. Die Petersilie darüberstreuen.

Wirsing-KARTOFFEL-PUFFER

(ohne Foto)

500 g Wirsing, 500 g Kartoffeln
1 Zwiebel, 60 g Weizenmehl
3 Eier, Salz, Pfeffer
geriebene Muskatnuß
6 EL Speiseöl

Den Wirsing putzen, vierteln, abspülen und in feine Streifen schneiden. Die Kartoffeln schälen, waschen, grob raspeln. Die Zwiebel abziehen und fein würfeln. Die Zutaten in eine Schüssel geben, mit Mehl, Eiern und den Gewürzen verrühren. Einen Eßlöffel Öl in einer Pfanne erhitzen. Aus dem Pufferteig je zwei große Gemüselöffel voll nebeneinander in die Pfanne geben, etwas glattstreichen. Die Puffer von beiden Seiten braun braten und so weiterarbeiten, bis der gesamte Teig verbraucht ist.

Beilage: Gedünstete Apfelspalten.

Förster-PFANNE

(2 Portionen)

400 g gekochte, festkochende Kartoffeln
50 g fetter Speck, 1 Zwiebel
150 g Champignons
Salz, frisch gemahlener Pfeffer
3 Eier, 125 ml (1/8 l) Milch
geriebene Muskatnuß
1 EL feingeschnittener Schnittlauch
etwas Butter

Die Kartoffeln und den fetten Speck in Würfel schneiden. Den Speck auslassen. Die Zwiebel abziehen, in Scheiben schneiden und in dem Fett glasig dünsten lassen. Die Kartoffeln und die geputzten, gewaschenen und in Scheiben geschnittenen Champignons hinzufügen und braun braten, mit Salz und Pfeffer würzen. Die Eier mit der Milch verschlagen, mit Salz und Muskatnuß abschmecken. Den Schnittlauch hinzufügen. Die Eiermilch über die Kartoffeln geben und stocken lassen. Evtl. etwas Butter in die Pfanne geben (die Eiermasse darf nicht trocken werden). Wenn die untere Seite leicht gebräunt ist, das Gericht auf zwei vorgewärmte Teller gleiten lassen.

Kartoffelkrusteln MIT KRÄUTERN

(ohne Foto)

1 1/2 kg mehligkochende Kartoffeln
Salzwasser, 2 Schalotten
100 g Champignons
2 Bund Petersilie
2 Bund Schnittlauch
20 g Butter, 3 Eigelb
4 EL Speisestärke
80 g Butter, Salz, frisch gemahlener Pfeffer
geriebene Muskatnuß
etwas Weizenmehl
2 Eiweiß
Semmelbrösel
1–1 1/2 l Ausbackfett

Die Kartoffeln waschen, schälen, abspülen, in etwa gleich große Stücke schneiden, in Salzwasser zum Kochen bringen, in 15–20 Minuten gar kochen lassen. In der Zwischenzeit die Schalotten abziehen, in Würfel schneiden. Die Champignons putzen, mit einem Küchentuch abreiben, evtl. abspülen, in Würfel schneiden. Die Petersilie und den Schnittlauch abspülen, trockentupfen, fein hacken. Alle Zutaten in Butter andünsten, beiseite stellen. Die garen Kartoffeln abgießen, abdämpfen, durch eine Kartoffelpresse drücken oder zerstampfen. Die Kartoffelmasse mit den übrigen Zutaten, Eigelb, Speisestärke und Butter gut vermischen, mit Salz, Pfeffer und Muskatnuß abschmecken. Den Kartoffelteig zu länglichen Rollen formen, in Mehl wenden. Das Eiweiß verschlagen, die Kartoffelrollen darin wenden, in Semmelbröseln wenden, leicht andrücken. Die fertigen Kartoffelkrusteln in siedendem Ausbackfett ausbacken, bis sie eine goldgelbe Farbe haben.

TIP

Die Kartoffelkrusteln eignen sich als Hauptgericht mit einem gemischten Pilzragout oder als Beilage zu geschmorten oder kurzgebratenen Wildgerichten.

Schweizer RÖSTI

750 g mehlig-festkochende Kartoffeln
2 kleine Zwiebeln
4 EL Schweineschmalz
Salz

Die Kartoffeln waschen, in Wasser zum Kochen bringen, in 15–20 Minuten knapp gar kochen lassen, abgießen, pellen (mindestens 1 Stunde oder über Nacht an einem kühlen Ort stehen lassen). Die Kartoffeln auf einer groben Reibe raffeln. Die Zwiebeln abziehen, fein würfeln, Schweineschmalz in einer schweren oder gleichmäßig bratenden Stielpfanne erhitzen, die Zwiebeln darin andünsten. Die Kartoffeln in die Pfanne geben, mit Salz bestreuen, bei milder Hitze 5–7 Minuten goldbraun anbraten, dabei leicht andrücken, mit Hilfe des Deckels wenden, mit Salz bestreuen, die andere Seite ebenfalls 5–7 Minuten goldbraun rösten, dabei die Masse immer leicht an- und zusammendrücken.

TIP

Rösti zu Geschnetzeltem oder zu Steaks reichen.

Kartoffel-QUARK-KROKETTEN

(ohne Foto)

375 g mehligkochende Kartoffeln
375 g Magerquark
1 großes Ei
Salz
geriebene Muskatnuß
gerebelter Majoran
75 g Weizenmehl
50 g Butterschmalz

Die Kartoffeln abspülen, mit so viel Wasser zum Kochen bringen, daß die Kartoffeln bedeckt sind, in 20–25 Minuten gar kochen lassen, abgießen, mit kaltem Wasser übergießen, heiß pellen, durch die Kartoffelpresse geben, die Kartoffeln abkühlen lassen. Den Magerquark mit dem Ei unter die Kartoffelmasse rühren, mit Salz, Muskatnuß und Majoran würzen. Das Mehl unterkneten, aus dem Teig mit bemehlten Händen Kroketten formen. Butterschmalz erhitzen, die Kroketten darin von allen Seiten in etwa 12 Minuten goldbraun braten lassen.

TIP

Die Kartoffel-Quark-Kroketten zu Schmorbraten oder Steaks servieren.

Bauern-
FRÜHSTÜCK

(Foto Seite 47)

750 g festkochende Kartoffeln
75 g durchwachsener Speck
30 g Margarine
4 Zwiebeln
3 Eier
3 EL Milch
Salz
frisch gemahlener Pfeffer
Paprika edelsüß
geriebene Muskatnuß
125 g Schinkenspeck
2 EL feingeschnittener Schnittlauch

Die Kartoffeln waschen, in Salzwasser zum Kochen bringen, in 20–25 Minuten gar kochen lassen, abgießen, pellen und erkalten lassen. Die Kartoffeln in Scheiben schneiden. Den Speck fein würfeln, in einer Pfanne auslassen, Margarine dazugeben. Die Zwiebeln abziehen, fein würfeln, darin glasig dünsten. Die Kartoffelscheiben hinzugeben und anbraten. Die Eier mit Milch, Salz, Pfeffer, Paprika, Muskatnuß verquirlen. Schinkenspeckwürfel und Schnittlauch hinzugeben und über die gebräunten Kartoffeln geben, auf kleiner Flamme stocken lassen.

Beigabe: Salat.

Kartoffel-
PUFFER

1 kg Kartoffeln
1 kleine Zwiebel
4 Eier, 1 TL Salz
40 g Weizenmehl

Außerdem:
Speiseöl zum Braten

Die Kartoffeln schälen, waschen. Die Zwiebel abziehen, die Zutaten fein reiben und auf einem Sieb abtropfen lassen. Eier, Salz und Mehl hinzufügen und unterrühren. In einer beschichteten Pfanne etwas Öl erhitzen, mit einer Saucenkelle Teig hineingeben und sofort flachdrücken. Bei mittlerer Hitze von beiden Seiten so lange braten, bis der Rand knusprig braun ist. Sofort aus der Pfanne nehmen.
Beilage: Apfelmus oder Blaubeerkompott.

TIP

Wer´s würzig mag, gibt kleingehackten Schinken, Käse oder Kräuter unter den Kartoffelteig. Dazu schmeckt grüner Salat.

Kartoffeln MIT KNOBLAUCH

1 kg festkochende Pellkartoffeln
2 Bund glatte Petersilie
2 große Knoblauchzehen
4 EL Olivenöl, Pfeffer
50–100 g Parmesan

Die Pellkartoffeln pellen, halbieren oder vierteln. Die Petersilie abspülen, trockentupfen, fein hacken. Die Knoblauchzehen abziehen, fein würfeln. Das Olivenöl erhitzen, Petersilie und Knoblauch hinzufügen, einige Minuten erhitzen. Die Kartoffeln hinzufügen, leicht anbraten, mit Pfeffer würzen, vor dem Servieren Parmesan darüberreiben.

Veränderung: Anstatt Parmesan Schafskäse über die Kartoffeln bröckeln.

Kartoffel-SCHASCHLIK

(ohne Foto)

600 g kleine, festkochende Kartoffeln
1 rote Paprikaschote
4 Zwiebeln
2 Zucchini
1 Bund Salbei
4 EL Knoblauchöl
4 EL Balsamico-Essig
1 TL Senf
Salz
frisch gemahlener Pfeffer
8 EL Traubenkern-Öl
150 g gekochter Schinken
1/2 Bund Schnittlauch
2 EL Kapern

Die Kartoffeln gründlich abbürsten und waschen, in Wasser zum Kochen bringen, die Kartoffeln etwa 20 Minuten garen. Die Paprikaschote halbieren, entkernen, die weißen Scheidewände entfernen, waschen. Die Paprikaschote in Stücke schneiden. Die Zwiebeln abziehen, vierteln. Die Zucchini waschen, putzen, in Scheiben schneiden. Die Salbeiblätter von den Stielen zupfen, waschen. Die Kartoffeln halbieren, abwechselnd mit Paprika, Zwiebeln, Zucchini und der Hälfte der Salbeiblätter auf Spieße stecken. Mit dem Knoblauchöl bestreichen. Unter dem vorgeheizten Grill rundherum etwa 5 Minuten grillen. Essig, Senf, Salz und Pfeffer verrühren, nach und nach das Öl unterrühren. Den Schinken fein würfeln. Den Schnittlauch waschen und in feine Röllchen schneiden. Den Schinken und den Schnittlauch zusammen mit den Kapern in die Marinade geben. Das Kartoffel-Schaschlik mit den restlichen Salbeiblättern belegen und mit der Schinken-Kapern-Sauce anrichten.

TIP

Kartoffel-Schaschlik kann zu gegrilltem Fleisch oder Fisch gereicht werden. Ergänzend dazu paßt ein gemischter Blattsalat.

Kartoffel-PÜFFERCHEN

500 g Weizenmehl
1 Pck. Trockenhefe
1 kg mehligkochende Kartoffeln
3 Eier
Salz
125 ml (1/8 l) lauwarme Milch
250 g Rosinen
Butter oder Speiseöl zum Braten

Das Mehl in eine Schüssel sieben, mit der Trockenhefe sorgfältig vermischen. Die Kartoffeln schälen, waschen, fein reiben, mit den Eiern, Salz und Milch zu dem Mehl geben, alles mit dem Handrührgerät mit Rührbesen zuerst auf niedrigster, dann auf höchster Stufe zu einem Teig verarbeiten. Den Teig an einem warmen Ort so lange stehen lassen, bis er etwa doppelt so hoch ist, ihn dann auf der höchsten Stufe gut durchschlagen. Die Rosinen verlesen, zuletzt unter den Teig heben, etwas von der Butter in einer Bratpfanne erhitzen, den Teig eßlöffelweise hineingeben, etwas flach drücken, von beiden Seiten goldbraun backen.

TIP

Kartoffel-Püfferchen mit Hefe sind eine westfälische Spezialität. Sie können mit einer Vorsuppe als Hauptgericht oder zum Nachmittagskaffee gereicht werden. Dazu wird Kaffee, Butter, Konfitüre, Sirup und Leberwurst serviert.

Bunte KARTOFFEL-PFANNE

2 grüne Paprikaschoten
800 g gepellte, festkochende Kartoffeln
2–3 Zwiebeln, 4 EL Speiseöl
Salz, frisch gemahlener Pfeffer
3 Mettwürstchen, z. B. Rauchenden oder Salami
4 kleine saure Gurken
Paprikapulver edelsüß
2 EL gehackte Petersilie

Die Paprikaschote halbieren, entkernen, die weißen Scheidewände entfernen, waschen und in Würfel schneiden. Die Kartoffeln in Stücke und die abgezogenen Zwiebeln in Scheiben schneiden. Das Öl in einer Pfanne erhitzen, Kartoffeln, Paprika und Zwiebeln darin braten, schwach salzen und pfeffern. Inzwischen die Wurst und die Gurken in Scheiben schneiden, beides in der Pfanne 5 Minuten mitbraten. Vor dem Servieren mit Paprikapulver und Petersilie bestreuen.

Bratkartoffeln AUS ROHEN KARTOFFELN

(ohne Foto)

1 kg festkochende Kartoffeln
2 mittelgroße Zwiebeln
75 g geräucherter, durchwachsener Speck
5 EL Speiseöl
Salz, Pfeffer

Die Kartoffeln schälen, in Scheiben schneiden, waschen, gut abtupfen. Die Zwiebeln abziehen, in Ringe schneiden. Den Speck in kleine Würfel schneiden. Das Speiseöl erhitzen, die Speckwürfel darin auslassen, den ausgelassenen Speck herausnehmen, beiseite stellen. Die Kartoffeln ins Öl geben, mit ausreichend Salz und Pfeffer bestreuen, wenden, damit das Salz gleichmäßig verteilt wird. Die Kartoffeln unter gelegentlichem Wenden goldbraun braten, Temperatur reduzieren, die Zwiebeln und den Speck unterheben, weiter braten, bis die Kartoffeln gar sind.

Kartoffelpfanne MIT SCHAFSKÄSE

600 g kleine festkochende, neue Kartoffeln
1 Bund Frühlingszwiebeln
1 rote Paprikaschote
1 gelbe Paprikaschote
1 großer Zweig Rosmarin
5–6 EL Olivenöl
250 ml (1/4 l) trockener Weißwein
150 g schwarze Oliven
Salz
grober Pfeffer
200 g Schafskäse

Die Kartoffeln abbürsten, abspülen und halbieren. Die Zwiebeln putzen, waschen, in Ringe schneiden. Die Paprikaschoten halbieren, entstielen, die weißen Scheidewände entfernen, entkernen. Die Paprikaschoten waschen, kleinschneiden. Den Rosmarin abspülen, die Nadeln abzupfen. Das Öl erhitzen, die Kartoffeln darin von allen Seiten anbraten, mit Wein ablöschen, zugedeckt unter gelegentlichem Wenden etwa 10 Minuten garen. Zwiebeln, Paprika und Oliven zufügen, mit Salz, Pfeffer und Rosmarin würzen, noch 10 Minuten schmoren lassen. Den Schafskäse würfeln, kurz vor dem Servieren unterheben.

Rösti MIT THYMIAN

(ohne Foto)

1 kg festkochende Kartoffeln
Wasser
2 Zwiebeln
125 g Butter
5 Zweige Thymian
Salz
frisch gemahlener Pfeffer

Die Kartoffeln waschen, in so viel Wasser zum Kochen bringen, daß die Kartoffeln bedeckt sind, in etwa 15 Minuten halb gar kochen lassen, abgießen, abschrecken, pellen, erkalten lassen, auf einer groben Reibe (Röstiraffel) grob reiben (raffeln). Die Zwiebeln abziehen, würfeln. Für die Rösti jeweils ein Viertel von der Butter in einer Bratpfanne zerlassen, die Zwiebelwürfel bei mittlerer Hitze darin andünsten, die Kartoffeln hinzufügen, mit Thymian, Salz und Pfeffer würzen, unter einmaligem Wenden in etwa 10 Minuten hellbraun braten. Die Kartoffeln in der Pfanne glattstreichen, etwas festdrücken, auf vorgewärmte Teller stürzen. Die restlichen 3 Rösti auf die gleiche Weise aus den restlichen Zutaten zubereiten.

Kartoffelpuffer MIT CHAMPIGNONS

(ohne Foto)

1 ½ kg große, mehligkochende Kartoffeln
1 Zwiebel
4 Eier, Salz
frisch gemahlener Pfeffer
50 g Weizenmehl
1 EL gehackter Dill
2 EL feingeschnittener Schnittlauch
2 EL gehackte Petersilie
1 EL gehackte Zitronenmelisseblättchen
Speiseöl zum Braten

Für die Sahnechampignons:
500 g kleine Champignons
1 Zwiebel
1–2 EL Butter oder Margarine
Salz
frisch gemahlener Pfeffer
1 Becher (150 g) saure Sahne
2 EL gehackte Petersilie

Die Kartoffeln waschen, schälen, abspülen. Die Zwiebel abziehen, beide Zutaten reiben. Mit Eiern, Salz, Pfeffer und Mehl verrühren. Dill, Schnittlauch, Petersilie und Zitronenmelisseblättchen unterrühren. Etwas von dem Öl in einer Bratpfanne erhitzen, den Teig eßlöffelweise hineingeben, flachdrücken. Die Kartoffelpuffer von beiden Seiten knusprig braun braten und warm stellen. Den übrigen Kartoffelteig auf die gleiche Weise zubereiten.
Für die Sahnechampignons Champignons putzen, evtl. abspülen, größere Champignons halbieren. Zwiebel abziehen und würfeln. Butter oder Margarine zerlassen, die Zwiebelwürfel darin andünsten, die Champignons hinzufügen, mit Salz und Pfeffer würzen und 5–8 Minuten dünsten lassen. Saure Sahne und Petersilie hinzufügen. Die Sahnechampignons mit Salz und Pfeffer abschmecken und zu den Kartoffelpuffern reichen.

Schnippel-KUCHEN

30 g Weizenmehl
100 ml Milch
6 Eier
750 g mehlig-festkochende Kartoffeln
1 Zwiebel
Salz
frisch gemahlener Pfeffer
300 g Frühlingsspeck
feingeschnittener Schnittlauch

Das Mehl mit der Milch verrühren, etwas quellen lassen, die Eier unterschlagen. Die Kartoffeln schälen, waschen, grob raspeln, sofort mit dem Eier-Teig vermengen. Die Zwiebel abziehen, fein würfeln, unter den Kartoffel-Eier-Teig rühren, mit Salz und Pfeffer würzen. Einige Scheiben von dem Frühlingsspeck in einer Pfanne ausbraten, etwas von dem Teig hineingeben, flachdrücken, von jeder Seite etwa 5 Minuten braten, warm stellen. Den restlichen Teig und Speck auf die gleiche Weise zubereiten. Die Schnippelkuchen mit Schnittlauch bestreut servieren.

Beigabe: Salat.

Röst-KARTOFFELN

(ohne Foto)

1 kg möglichst kleine, festkochende Kartoffeln
50 g Butter, Salz
frisch gemahlener Pfeffer

Die Kartoffeln waschen, mit Wasser zum Kochen bringen, in 20–25 Minuten gar kochen lassen, abgießen, abdämpfen, heiß pellen, erkalten lassen. Die Butter erhitzen, die Kartoffeln hineingeben, mit Salz und Pfeffer bestreuen, goldgelb braten.

TIP

Für die Zubereitung von Röstkartoffeln sollten die Kartoffeln am Vortag gekocht werden.

Kartoffel-OMELETT

500 g festkochende Kartoffeln
1–2 Zwiebeln
75 g fetter Speck, Salz
125 ml (1/8 l) Milch, 3 Eier
1 EL gehackte Petersilie oder feingeschnittener Schnittlauch

Die Kartoffeln waschen, in Wasser zum Kochen bringen, in 20–25 Minuten gar kochen lassen, abgießen, heiß pellen, erkalten lassen, in Scheiben schneiden. Die Zwiebeln abziehen, würfeln. Den Speck in Würfel schneiden, auslassen. Die Kartoffeln und Zwiebeln hineingeben, mit Salz bestreuen, braun braten. Die Milch mit den Eiern und Salz verschlagen. Die Petersilie oder Schnittlauch hinzufügen. Die Eiermilch über die Kartoffeln gießen, stocken lassen, ohne die Kartoffeln zu wenden. Wenn die obere Seite des Omeletts fest geworden und die untere gebräunt ist, das Omelett auf eine vorgewärmte Platte gleiten lassen.

Kartoffelblinis MIT LACHS

20 g Hefe
1 TL Zucker
125 ml (1/8 l) lauwarme Milch
200 g mehligkochende Kartoffeln
250 g Weizenmehl
50 g zerlassene, lauwarme Butter oder Margarine
Salz
1 Ei
75 g Speiseöl oder Schweineschmalz
1 Becher (150 g) Crème fraîche
1 Becher (150 g) saure Sahne
Zucker
frisch gemahlener Pfeffer
Zitronensaft
100 g Lachsscheiben

Die Hefe zerbröckeln, mit Zucker und 5 Eßlöffeln von der Milch anrühren. Die Kartoffeln schälen, waschen, fein reiben. Das Mehl in eine Rührschüssel sieben, in die Mitte eine Vertiefung eindrücken, die aufgelöste Hefe hineingeben, sie etwa 1/2 cm dick mit Mehl bestreuen. Die Butter oder Margarine und Salz an den Rand des Mehls geben, sobald das auf die Hefe gestreute Mehl rissig wird, von der Mitte aus alle Zutaten mit dem Handrührgerät mit Rührbesen gut verrühren. Die restliche Milch mit dem Ei verschlagen, mit den geriebenen Kartoffeln zu dem Hefeteig geben, so lange weiterrühren, bis der Teig Blasen wirft. Den Teig zugedeckt an einem warmen Ort so lange stehen lassen (etwa 20 Minuten), bis er etwa doppelt so hoch ist, den Teig auf der höchsten Stufe nochmals gut durchkneten. Speiseöl oder Schweineschmalz in einer Pfanne erhitzen, den Teig eßlöffelweise hineingeben, flachdrücken, von beiden Seiten goldbraun backen. Die Blinis auf einer vorgewärmten Platte warm stellen. Die Crème fraîche mit der sauren Sahne glattrühren, mit Salz, Zucker, Pfeffer und Zitronensaft abschmecken. Die Creme mit den Lachsscheiben zu den Kartoffelblinis reichen.

Schnittlauchpuffer MIT QUARK-FÜLLUNG

(ohne Foto)

Für den Teig:
1 kg mehlig-festkochende Kartoffeln
2 kleine Zwiebeln
1–2 EL Weizenmehl
3 Eier, Salz
4 Bund Schnittlauch
500 g Sahnequark
100 ml Milch
1 EL Zitronensaft
Salz, frisch gemahlener Pfeffer
Zucker
1 kleine Knoblauchzehe
125 g gekochter Schinken

1 Bund glatte Petersilie
150 g Pflanzenfett

Für den Teig die Kartoffeln schälen, waschen, die Zwiebeln abziehen. Beide Zutaten fein reiben, mit Mehl, Eiern und Salz verrühren. Den Schnittlauch abspülen, vorsichtig trockentupfen, in feine Röllchen schneiden, etwa die Hälfte in den Kartoffelpuffer-Teig geben. Den restlichen Schnittlauch mit Sahnequark, Milch und Zitronensaft verrühren, mit Salz, Pfeffer und Zucker würzen. Die Knoblauchzehe abziehen, fein würfeln oder durchpressen, Schinken fein würfeln, Petersilie abspülen, vorsichtig trockentupfen, fein hacken. Die drei Zutaten unter den Quark rühren, etwas von dem Pflanzenfett in einer Bratpfanne erhitzen, den Teig eßlöffelweise hineingeben, flach drücken, von beiden Seiten 6–8 Minuten knusprig braun braten lassen, jeweils einen Puffer mit Quark bestreichen, einen zweiten darauflegen.

TIP

Herzhafter wird die Quarkfüllung, wenn anstatt von gekochtem Schinken roher Schinken verwendet wird.

Kartoffel-KROKETTEN

750 g mehligkochende Kartoffeln
Salzwasser
2 Eigelb, Salz
geriebene Muskatnuß
1 verschlagenes Ei
50 g Semmelbrösel
Pflanzenfett

Die Kartoffeln schälen, waschen, in Stücke schneiden, in Salzwasser zum Kochen bringen, in etwa 20 Minuten gar kochen lassen, abgießen, sofort durch die Kartoffelpresse geben, erkalten lassen. Die Kartoffeln mit dem Eigelb verrühren, mit Salz und Muskatnuß abschmecken, aus dem Teig knapp 2 cm dicke und 5 cm lange Röllchen formen. Die Röllchen zunächst in verschlagenem Ei, dann in Semmelbröseln wenden, schwimmend in siedendem Pflanzenfett 2–3 Minuten goldbraun backen.

Veränderung: Anstelle der Röllchen Kugeln formen. Für Mandel-Kroketten anstelle von Semmelbröseln abgezogene, gehobelte Mandeln (etwa 100 g) verwenden.

Lyoner KARTOFFELN

750 g festkochende Kartoffeln
3 Zwiebeln
50 g Butter
1 Bund glatte Petersilie
Salz
frisch gemahlener Pfeffer

Die Kartoffeln waschen, in Wasser zum Kochen bringen und etwa 20 Minuten kochen lassen. Die Kartoffeln abgießen, pellen und abgekühlt in fingerdicke Stifte schneiden. Die Zwiebeln abziehen und würfeln. In einer Pfanne die Hälfte der Butter zerlassen und die Zwiebeln darin goldgelb dünsten. In einer zweiten Pfanne die restliche Butter zerlassen und die Kartoffeln darin bei schwacher Hitze etwa 10 Minuten braten. Die Petersilie abspülen, trockentupfen, Blättchen abzupfen, fein hacken und mit den Zwiebeln unter die Kartoffeln rühren. Die Kartoffeln mit Salz und Pfeffer würzen.

TIP

Lyoner Kartoffeln mit dem Saft von 2 Zitronen begießen und durchschwenken. Als Beigabe zu Lammfleisch oder gebratenem Fisch servieren.

Kartoffelpuffer MIT SCHINKEN UND SCHMAND

(ohne Foto)

1 kg mehlig-festkochende Kartoffeln
1 kleine Zwiebel
4 Eier
1 TL Salz
40 g Weizenmehl
Speiseöl zum Braten
250 g feingeschnittener, westfälischer Knochenschinken
200 g Schmand

Die Kartoffeln waschen, schälen und abspülen. Die Zwiebel abziehen, beide Zutaten fein reiben und auf einem Sieb abtropfen lassen. Die Eier, Salz und Mehl hinzufügen und unterrühren. In einer beschichteten Pfanne etwas Öl erhitzen. Mit einer Saucenkelle den Teig hineingeben und sofort flachdrücken. Bei mittlerer Hitze von beiden Seiten so lange braten, bis der Rand knusprig braun ist. Sofort aus der Pfanne nehmen, auf Tellern mit Schinken und Schmand servieren.

TIP

Kartoffelpuffer mit Schnippelschinken und Schmand können als feine Vorspeise gereicht werden. Die Menge reicht dann für etwa 8–10 Portionen.

Salbei-PANZAROTTI

1 kg mehligkochende Kartoffeln
Salzwasser
125 g Parmesan
2–4 Salbeiblättchen
1 Ei
1 Eigelb
4–5 EL gehackte, glatte Petersilie
Meersalz
frisch gemahlener Pfeffer
etwa 125 g Mozzarella
Vollkornsemmelbrösel
100 g Butter
4 EL Speiseöl

Die Kartoffeln schälen, waschen und grob zerkleinern. Die Kartoffeln in so viel Salzwasser zum Kochen bringen, daß sie bedeckt sind. In 20–25 Minuten gar kochen lassen. Die Kartoffeln abgießen, abdämpfen, durch die Kartoffelpresse geben oder zerstampfen und etwas abkühlen lassen. Den Parmesan reiben. Die Salbeiblättchen vorsichtig abspülen, trockentupfen und fein hacken. Die beiden Zutaten mit der Kartoffelmasse, dem Ei, dem Eigelb und der Petersilie verkneten. Mit Salz und Pfeffer würzen. Den Mozzarella in 16 gleich große Stücke schneiden. Den Kartoffelteig zu einer Rolle formen, in 16 gleich große Stücke teilen und in jedes Teigstück einen Käsewürfel drücken. Das Teigstück zu einem Kloß formen, flachdrücken und in Vollkornsemmelbröseln wenden. Die Butter zerlassen, das Speiseöl hinzufügen und erhitzen. Die Panzarotti von jeder Seite etwa 5 Minuten braten lassen.

Beilage: Bunte Salatplatte.

TIP

Die Panzarotti können anstatt mit Mozzarella auch mit Würfeln von mittelaltem Gouda gefüllt werden.

Kartoffelplätzchen-VARIATIONEN

Für den Kartoffelteig:
750 g mehligkochende Kartoffeln
1 Ei
20 g Butter
Salz
geriebene Muskatnuß

Für die Käse-Kartoffel-Plätzchen:
75 g geriebener Emmentaler oder geriebener Parmesan
Weizenmehl
Speiseöl

Für die Kartoffel-Speck-Plätzchen:
75 g durchwachsener Speck
2 kleine Zwiebeln
2 EL gehackte Petersilie
Weizenmehl
Speiseöl zum Braten

Für den Kartoffelteig die Kartoffeln waschen, dünn schälen, waschen, in Salzwasser zum Kochen bringen, in 20–25 Minuten gar kochen lassen, abgießen, abdämpfen, sofort durch eine Kartoffelpresse geben, erkalten lassen, mit Ei und Butter verrühren, mit Salz und Muskatnuß würzen.
Für die Käse-Kartoffel-Plätzchen die Kartoffelmasse mit Emmentaler oder geriebenem Parmesan vermischen, aus der Masse Rollen von etwa 5 cm Durchmesser formen, einige Zeit kühl stellen. Die Rollen in 2 cm dicke Scheiben schneiden oder Rauten formen, mit Mehl bestäuben. Speiseöl in einer Pfanne erhitzen, die Plätzchen bei mittlerer Hitze darin goldbraun braten.
Für die Kartoffel-Speck-Plätzchen den Speck fein würfeln. Die Zwiebeln abziehen, fein würfeln. Die Speckwürfel in einer Pfanne auslassen, die Zwiebelwürfel hinzufügen, glasig braten, die Mischung abgekühlt unter den Kartoffelteig rühren, die Petersilie untermengen. Aus der Masse Rollen von etwa 5 cm Durchmesser formen, kühl stellen, die Rollen in 2 cm dicke Scheiben schneiden oder Rauten formen, mit Mehl bestäuben. Speiseöl in einer Pfanne erhitzen, die Plätzchen bei mittlerer Hitze darin goldbraun braten.

Pikante GEMÜSEPUFFER

(ohne Foto)

600 g mehligkochende Kartoffeln
375 g Möhren
300 g Zucchini
Salz, frisch gemahlener Pfeffer
gerebelter Thymian
Speiseöl zum Braten

Die Kartoffeln und Möhren schälen, waschen. Die Zucchni waschen, die Stielansätze abschneiden. Das Gemüse raspeln, mit Salz, Pfeffer und Thymian würzen. Das Öl erhitzen (möglichst in einer beschichteten Pfanne) und die Gemüsepuffer von beiden Seiten darin hellbraun braten.

Beilage: Kräuterquark.

Kräuterrösti MIT SALAT

750 g festkochende Kartoffeln, 4 Eier
Salz, frisch gemahlener Pfeffer
geriebene Muskatnuß
1 Pck. TK-Kräuter
1 Kopf Blattsalat
400 g Salatgurke, 3 Möhren
125 ml (1/8 l) Fertigsalatsauce mit Kräutern
3 EL Zitronensaft
Salz, frisch gemahlener Pfeffer
Paprikapulver
Speiseöl zum Braten

Die Kartoffeln waschen, in Wasser zum Kochen bringen, in 20–25 Minuten gar kochen lassen, abgießen, pellen, erkalten lassen, grob reiben. Die Eier mit Gewürzen, Kräutern und Kartoffeln verrühren. Den Salat putzen, waschen. Die Blätter etwas zerkleinern. Die Gurke waschen, in Scheiben schneiden. Die Möhren putzen, schälen, waschen, in Stifte schneiden. Salatsauce, Zitronensaft und Gewürze verrühren, über den Salat geben. Etwas Öl erhitzen, aus der Kartoffelmasse Rösti braten.

Kartoffel-CARPACCIO

(ohne Foto)

500 g festkochende Pellkartoffeln
400 g Gewürzgurken
200 g Lachsschinken

Für die Sauce:
3–4 EL Kräuteressig
2 EL Speiseöl
Salz
frisch gemahlener Pfeffer
Knoblauchpulver
1–2 Bund Dill

Die Kartoffeln pellen, in Scheiben schneiden. Die Gurken längs in Scheiben und den Schinken in Streifen schneiden.
Für die Sauce Kräuteressig, Speiseöl, Salz, Pfeffer und Knoblauchpulver verrühren und über die Salatzutaten geben, mit gehacktem Dill bestreuen.

Kartoffelpfannkuchen »HAWAII«

400 g mehligkochende Kartoffeln
1 kleine Zwiebel
2 Eier
¹/₄ TL Salz
50 g Haferflocken
50 g Weizenmehl
100 g geriebener Gouda
Speiseöl
6 Scheiben gekochter Schinken (300 g)
6 Scheiben Ananas (aus der Dose)
6 Scheiben Gouda (etwa 150 g)

Für den Kartoffelteig die Kartoffeln waschen, schälen und reiben. Die Zwiebel abziehen, reiben. Kartoffeln, Zwiebel, Eier, Salz, Haferflocken, Mehl und geriebenen Käse miteinander verrühren. Das Speiseöl in einer Pfanne erhitzen. Den Teig eßlöffelweise hineingeben (6 größere und 6 kleine Pfannkuchen), etwas flachdrücken, goldgelb backen. Die großen Pfannkuchen auf ein mit Backpapier ausgelegtes Backblech legen. Die kleinen Kartoffelpfannkuchen in Folie gewickelt warm halten. Auf jeden Pfannkuchen jeweils 1 Schinken-, Ananas- und Käsescheibe legen.

Ober-/Unterhitze: etwa 200 °C (vorgeheizt)
Heißluft: etwa 180 °C (nicht vorgeheizt)
Gas: Stufe 3–4 (vorgeheizt)
Backzeit: etwa 10 Minuten.

Die Pfannkuchen „Hawaii“ mit den kleinen Pfannkuchen garnieren.

Schweizer KARTOFFEL-BIRNEN

(ohne Foto)

Etwa 750 g mehligkochende Kartoffeln
Salzwasser
2 Eigelb
1 gut gehäufter TL Speisestärke
Salz
geriebene Muskatnuß
1 verschlagenes Ei
etwa 50 g Semmelbrösel
Fritierfett
Gewürznelken
Petersilienzweige

Die Kartoffeln schälen, waschen, in Salzwasser zum Kochen bringen, in 20–25 Minuten gar kochen lassen, abgießen, abdämpfen, sofort durch die Kartoffelpresse geben, erkalten lassen. Die Kartoffelmasse mit Eigelb und Speisestärke verrühren, mit Salz und Muskatnuß abschmekken, aus dem Teig 1 ½–2 cm dicke Rollen formen, in etwa 2 cm lange Stücke schneiden, zuerst zu Kugeln, dann zu kleinen Birnen formen. Die Kartoffelbirnen zunächst in Ei, dann in Semmelbröseln wenden. Das Fritierfett in einer Friteuse auf 180 °C erhitzen, die Kartoffelbirnen darin portionsweise in 4–5 Minuten goldgelb fritieren, auf Haushaltspapier abtropfen lassen. Die Gewürznelken als Blüte, die Petersilienzweige als Stengel in die Birnen stecken.

TIP

Kartoffelbirnen sind eine dekorative Beilage bei einem festlichen Essen. Sie können zu Geschnetzeltem, Geflügel und Wildgerichten gereicht werden.

Brat-KARTOFFELN

1 kg festkochende Kartoffeln
1 große Zwiebel
50 g Margarine
Salz
frisch gemahlener Pfeffer

Die Kartoffeln waschen, in Wasser zum Kochen bringen, in 20–25 Minuten gar kochen lassen, abgießen, pellen, erkalten lassen, in Scheiben schneiden. Die Zwiebel abziehen, würfeln. Die Margarine in einer Bratpfanne zerlassen, die Zwiebelwürfel darin andünsten, Kartoffelscheiben hinzufügen, mit Salz und Pfeffer bestreuen, knusprig braun braten, dabei vorsichtig wenden.

Die tolle Knolle –
GEBACKEN UND ÜBERBACKEN

Kartoffelauflauf MIT SCHINKEN

(Foto Seite 62/63)

1 kg mehligkochende Kartoffeln
75 g roher Schinken
75 g gekochter Schinken
30 g Margarine
35 g Weizenmehl
250 ml (1/4 l) heiße Fleischbrühe
250 ml (1/4 l) Milch
Salz
frisch gemahlener Pfeffer
geriebene Muskatnuß
2 EL Semmelbrösel
1 EL Butter

Die Kartoffeln waschen, in Wasser in 20–25 Minuten gar kochen lassen, abgießen, heiß pellen, erkalten lassen und in Scheiben schneiden. Die beiden Schinkensorten in kleine Würfel schneiden. Die Kartoffeln und den Schinken abwechselnd lagenweise in eine gefettete Auflaufform schichten. Die oberste Schicht soll aus Kartoffeln bestehen. Die Margarine in einem Kochtopf zerlassen, das Mehl unter Rühren so lange darin erhitzen, bis es hellgelb ist. Brühe und Milch hinzugießen, mit einem Schneebesen durchschlagen und darauf achten, daß keine Klümpchen entstehen. Die Sauce zum Kochen bringen und etwa 5 Minuten kochen lassen. Mit Salz, Pfeffer und Muskatnuß abschmecken. Die Sauce über die Kartoffeln gießen. Den Auflauf mit Semmelbröseln bestreuen und mit Butterflöckchen belegen. Die Auflaufform auf dem Rost in den Backofen schieben.

Ober-/Unterhitze: 200–220 °C (vorgeheizt)
Heißluft: 180–200 °C (nicht vorgeheizt)
Gas: Stufe 3–4 (vorgeheizt)
Backzeit: 30–40 Minuten.

TIP

Die Sauce nach Belieben mit Senf oder Currypulver würzen oder 2–3 Eßlöffel gehackte Kräuter (Petersilie, Thymian, Majoran) hinzufügen.

Bratkartoffeln AUF DEM BLECH

1 kg mehlig-festkochende Kartoffeln
Salz
frisch gemahlener Pfeffer
2–3 Zwiebeln
200 g durchwachsener Speck

Die Kartoffeln schälen, waschen, in Scheiben schneiden, auf ein gefettetes Backblech schichten, mit Salz und Pfeffer würzen. Die Zwiebeln abziehen, würfeln, Speck in Würfel schneiden, beide Zutaten über die Kartoffelscheiben geben. Das Backblech in den Backofen schieben, die Kartoffeln braun braten lassen.

Ober-/Unterhitze: etwa 220 °C (vorgeheizt)
Heißluft: etwa 200 °C (nicht vorgeheizt)
Gas: etwa Stufe 4 (vorgeheizt)
Backzeit: etwa 45 Minuten.

TIP

Die Bratkartoffeln können zusätzlich mit gerebeltem Thymian oder Majoran gewürzt werden.

Exotischer KARTOFFEL-AUFLAUF

1 kg festkochende Kartoffeln
1 Zitrone (unbehandelt)
4 Orangen (unbehandelt)
220 g Ananas-Stücke (aus der Dose)
175 g Mandarinen (aus der Dose)
Salz
5 EL Butter

Die Kartoffeln in Wasser zum Kochen bringen, in 20–25 Minuten gar kochen, abgießen, heiß pellen, erkalten lassen, in feine Streifen schneiden, erkalten lassen, von der Zitrone und den Orangen die Schale abreiben, über die Kartoffeln streuen, Zitrone und Orangen schälen, in Scheiben schneiden. Die Ananas-Stücke und die Mandarinen abtropfen lassen, den Ananassaft zurücklassen, abwechselnd lagenweise Kartoffeln, Mandarinen, Zitronen- und Orangenscheiben sowie Ananasstücke in eine gut gefettete Auflaufform schichten, die oberste Schicht soll aus Kartoffeln bestehen. Den Ananassaft mit etwas Salz und Butter unter ständigem Rühren zum Kochen bringen, kurze Zeit kochen lassen, über den Auflauf gießen. Die Form auf dem Rost in den Backofen schieben.

Ober-/Unterhitze: 200–220 °C (vorgeheizt)
Heißluft: 180–200 °C (nicht vorgeheizt)
Gas: Stufe 3–4 (vorgeheizt)
Backzeit: etwa 45 Minuten.

Kartoffel-ZWIEBEL-AUFLAUF

(ohne Foto – Römertopf)

500 g Kartoffeln, 500 g Zwiebeln
125 g roher Schinken oder Schinkenspeck
Salz, 125 ml (1/8 l) heiße Fleischbrühe
40 g geriebener Käse
Butterflöckchen

Die Kartoffeln waschen, schälen, abspülen, Zwiebeln abziehen, beide Zutaten in dünne Scheiben schneiden. Den rohen Schinken oder Schinkenspeck in dünne Streifen schneiden. Die Kartoffelscheiben in den gewässerten Römertopf geben, mit Salz bestreuen, Schinkenstreifen und Zwiebelscheiben darauf verteilen, Fleischbrühe hinzugießen, Käse darüberstreuen, mit Butterflöckchen belegen. Den Römertopf mit dem Deckel verschließen, auf dem Rost in den kalten Backofen schieben.

Ober-/Unterhitze: 200–220 °C
Heißluft: 180–200 °C
Gas: Stufe 4–5
Garzeit: etwa 60 Minuten.

Kartoffel-GNOCCHI

1 kg mehligkochende Pellkartoffeln
3 Eier
100 g Weizenmehl
Salz
frisch geriebene Muskatnuß
1 1/2 l Salzwasser
30 g Butter
2 Becher (je 125 g) Crème double
50 g geriebener Parmesan

Die Pellkartoffeln noch heiß pellen, durch die Kartoffelpresse drücken oder mit dem Kartoffelstampfer zerdrücken, etwas abkühlen lassen, mit Eiern und Mehl zu einem Teig verkneten, mit Salz und Muskatnuß würzen. Aus dem Teig fingerdicke Rollen formen, die Rollen in etwa 3 cm lange Stücke schneiden oder mit zwei Teelöffeln Nocken abstechen. Das Salzwasser zum Kochen bringen, die Teignocken hineingeben, zum Kochen bringen, die Teignocken etwa 2–3 Minuten garen. Eine Gratinform mit Butter ausfetten, die Teignocken hineingeben. Crème double darübergeben, mit Parmesan bestreuen. Die Form auf dem Rost in den Backofen schieben, die Gnocchi goldbraun backen lassen.

Ober-/Unterhitze: etwa 200 °C (vorgeheizt)
Heißluft: etwa 180 °C (nicht vorgeheizt)
Gas: Stufe 3–4 (vorgeheizt)
Backzeit: etwa 20 Minuten.
Beigabe: Tomatensalat.

TIP

Die Kartoffelnocken mit in Streifen geschnittenen Salbeiblättchen bestreuen, dann Crème double darübergeben.

Kartoffel-
SPINAT-GRATIN

750 g neue, festkochende Kartoffeln
Salz, 750 g Spinat
1 kleine Zwiebel
1 Knoblauchzehe
2 EL Butter oder Margarine
frisch gemahlener Pfeffer
geriebene Muskatnuß
1 Ei
250 ml (1/4 l) Schlagsahne
50 g mittelalter Gouda
Fett für die Form
8 Lamm-Stielkoteletts
4 EL Speiseöl

Die Kartoffeln unter fließendem kaltem Wasser abbürsten, in Scheiben schneiden (ältere Kartoffeln schälen) und in Salzwasser etwa 10 Minuten garen. Inzwischen den Spinat putzen und gründlich waschen. Die Zwiebel und den Knoblauch abziehen, fein würfeln. Butter oder Margarine in einem Topf erhitzen. Die Zwiebel- und Knoblauchwürfel darin andünsten. Dann den tropfnassen Spinat hinzufügen, bei geschlossenem Deckel zusammenfallen lassen. Mit Salz, Pfeffer und Muskatnuß würzen. Das Ei mit der Sahne verrühren, den Käse hineinreiben. Die Masse mit 1/4 Teelöffel Salz und etwas Pfeffer würzen. Eine Gratinform (Ø 30 cm) ausfetten. Den Boden mit dem abgetropften Spinat bedecken. Die Kartoffeln schuppenförmig darauflegen, alles mit der Käse-Eier-Sahne übergießen. Die Form auf dem Rost in den Backofen schieben.

Ober-/Unterhitze: etwa 200 °C (vorgeheizt)
Heißluft: etwa 180 °C (nicht vorgeheizt)
Gas: Stufe 3–4 (vorgeheizt)
Backzeit: 45–50 Minuten.

Inzwischen die Lamm-Koteletts unter fließendem kaltem Wasser abspülen, trockentupfen und die Fettränder in etwa 1 cm Abstand einschneiden. Die Koteletts im heißen Öl von jeder Seite etwa 5 Minuten braten, herausnehmen und mit Salz und Pfeffer würzen. Die Koteletts zum Kartoffel-Spinat-Gratin servieren.

Kartoffel-PASTETE

1 Packung (300 g) tiefgekühlter Blätterteig
1 kg kleine, festkochende Kartoffeln
250 g durchwachsener Speck
3 EL feingeschnittener Schnittlauch
1 EL gehackte Majoranblättchen
Salz
frisch gemahlener Pfeffer
1 Becher (150 g) Crème fraîche
3 Eier
½ Eiweiß
½ Eigelb
frisch geriebene Muskatnuß
½ verschlagenes Eiweiß
Paprika edelsüß
½ Eigelb
1 EL Milch

Den Blätterteig auftauen lassen, die Platten dabei nebeneinander legen und abdecken. Die Kartoffeln waschen, in Wasser zum Kochen bringen, in 20–25 Minuten gar kochen. Die Kartoffeln abgießen, abdämpfen, heiß pellen, erkalten lassen, in Scheiben schneiden. Den Speck in Würfel schneiden, zwei Drittel des Blätterteigs in der Größe einer Springform (Ø etwa 26 cm) ausrollen, eine Springform damit auslegen, den Teig am Springformrand etwa 4 cm hochdrücken. Die Kartoffelscheiben, Speckwürfel, Schnittlauch und Majoranblättchen abwechselnd auf den Teigboden schichten, dabei die Kartoffelscheiben mit Salz und Pfeffer bestreuen. Crème-fraîche mit Eiern, Eiweiß und Eigelb verschlagen, mit Salz, Pfeffer, Muskatnuß und Paprika kräftig würzen, über die Zutaten verteilen. Den überstehenden Teigrand über die Füllung schlagen, mit verschlagenem Eiweiß bestreichen. Den restlichen Teig in der Größe des Springformbodens ausrollen, als Decke auf die Füllung geben, aus den Teigresten Figuren ausstechen, die Unterseite mit verschlagenem Eiweiß bestreichen, die Figuren auf die Teigdecke legen. Das Eigelb mit Milch verschlagen, die Teigdecke damit bestreichen und mehrmals mit einer Gabel einstechen.

Ober-/Unterhitze: etwa 200 °C (vorgeheizt)
Heißluft: etwa 180 °C (nicht vorgeheizt)
Gas: Stufe 3–4 (vorgeheizt)
Backzeit: etwa 1 Stunde.

Kartoffel-GRÜNKERN-AUFLAUF

(ohne Foto)

2 mittelgroße Zwiebeln
2 EL Sojaöl
200 g Grünkern (ganzes Korn)
500 ml (½ l) Gemüsebrühe, 4 Eier
150 g Crème fraîche
750 g festkochende Kartoffeln, Salz
frisch gemahlener Pfeffer
geriebene Muskatnuß
Sojaöl
100 g geriebener Favorel oder Gouda
1 EL Petersilienblättchen

Die Zwiebeln abziehen, fein würfeln. Das Sojaöl erhitzen, die Zwiebelwürfel und den Grünkern darin andünsten, die Gemüsebrühe hinzugießen, zugedeckt etwa 20 Minuten garen. Die Eier mit Crème fraîche verrühren. Die Kartoffeln waschen, schälen, abspülen, damit sie nicht braun werden, sofort grob in die Eiermasse reiben, mit Salz, Pfeffer und Muskatnuß würzen. In eine mit Sojaöl gefettete Auflaufform zuerst die Hälfte der Kartoffelmasse, in die Mitte Grünkern, als Abschluß den Rest der Kartoffelmasse geben, mit Favorel oder Gouda bestreuen. Die Form auf dem Rost in den Backofen schieben

Ober-/Unterhitze: 180–200 °C (nicht vorgeheizt)
Heißluft: 160–180 °C (nicht vorgeheizt)
Gas: Stufe 3–4 (nicht vorgeheizt)
Backzeit: etwa 45 Minuten.

Den Auflauf mit Petersilienblättchen garnieren.

Kartoffelauflauf MIT FRÜHSTÜCKSSPECK

750 g mehligkochende Kartoffeln
2 Frühlingszwiebeln
150 g Frühstücksspeck
Salz
frisch gemahlener Pfeffer
125 ml (1/8 l) heiße Gemüsebrühe
40 g Semmelbrösel
30 g Butter

Die Kartoffeln schälen, waschen, in Scheiben schneiden. Die Frühlingszwiebeln putzen, waschen, in feine Scheiben schneiden, eine Auflaufform mit Frühstücksspeck auslegen, Kartoffeln und Frühlingszwiebelscheiben abwechselnd einschichten, jeweils mit Salz und Pfeffer bestreuen. Die letzte Schicht sollte aus Kartoffeln bestehen. Die Gemüsebrühe darübergeben, Semmelbrösel darüberstreuen, Butter in Flöckchen darauf setzen. Die Form auf dem Rost in den Backofen schieben.

Ober-/Unterhitze: etwa 200 °C (vorgeheizt)
Heißluft: etwa 180 °C (nicht vorgeheizt)
Gas: Stufe 3–4 (vorgeheizt)
Backzeit: etwa 60 Minuten.

Bunter KARTOFFEL-AUFLAUF MIT EI

(ohne Foto)

1 kg mehlig-festkochende Kartoffeln
4 hartgekochte Eier
2 Rauchenden
Butter oder Margarine
Salz
frisch gemahlener Pfeffer
2 Becher (je 150 g) saure Sahne
3 gestr. EL Semmelbrösel
Butter oder Margarine

Die Kartoffeln waschen, in Wasser zum Kochen bringen, in 20–25 Minuten gar kochen lassen, sofort pellen, erkalten lassen. Die Eier pellen. Die Kartoffeln, Rauchenden und Eier in Scheiben schneiden, abwechselnd lagenweise in eine mit Butter oder Margarine gefettete Auflaufform füllen, dabei Kartoffel- und Eierscheiben jeweils mit Salz und Pfeffer bestreuen, die oberste Schicht soll aus Kartoffeln bestehen. Die saure Sahne verrühren, über die Kartoffeln gießen, den Auflauf mit Semmelbröseln bestreuen, Butter in Flöckchen darauf setzen. Die Auflaufform auf dem Rost in den Backofen schieben.

Ober-/Unterhitze: 220–230 °C (vorgeheizt)
Heißluft: 200–220 °C (nicht vorgeheizt)
Gas: Stufe 4–5 (vorgeheizt)
Backzeit: 30–40 Minuten.

Pilz-KARTOFFEL-TORTE

1 kg mehlig-festkochende Kartoffeln
1 kg Champignons
2 Zwiebeln, 2 Knoblauchzehen
100 g durchwachsener Speck
1 Bund Petersilie, 3 Eier, Salz
Pfeffer, geriebene Muskatnuß
Saft von 1 Zitrone, 2 EL Speiseöl
100 g geriebener Emmentaler

Die Kartoffeln waschen, in Salzwasser 20–25 Minuten garen, abgießen, pellen, erkalten lassen. Eine Springform oder Auflaufform (Ø 26 cm) mit Butter einfetten. Die Champignons putzen, abspülen, trockentupfen, in Scheiben schneiden. Die Zwiebeln und Knoblauchzehen abziehen, fein hacken. Den Speck würfen, die Petersilie abspülen, trockentupfen und fein hacken. Die Zwiebeln, Knoblauch und Speck in einer Pfanne glasig dünsten, die Champignons dazugeben, mit dem Zitronensaft beträufeln, garen, abtropfen lassen, die Flüssigkeit auffangen. Die Kartoffeln grob reiben, mit den Eiern vermengen, mit Salz, Pfeffer und Muskatnuß abschmecken.

Die Form mit 2/3 des Kartoffelteiges füllen, die Champignonmasse hineingeben, Petersilie darüberstreuen, den restlichen Kartoffelteig darauf verteilen. Mit Öl beträufeln und mit dem geriebenen Käse bestreuen.

Ober-/Unterhitze: etwa 200 °C (vorgeheizt)
Heißluft: etwa 180 °C (nicht vorgeheizt)
Gas: Stufe 3–4 (vorgeheizt)
Backzeit: 45–50 Minuten.

Die Pilz-Kartoffel-Torte heiß mit heller Sauce und Salat servieren.

TIP

Die Pilzflüssigkeit evtl. mit Wasser auf 250 ml (1/4 l) Flüssigkeit auffüllen, mit Saucenbinder binden, mit Salz und Pfeffer abschmecken und zur Pilz-Kartoffel-Torte reichen.

Kartoffel-TORTE

250 g Kartoffeln
50 g Rosinen
3 EL Rum
6 Eigelb
150 g Zucker
Salz
abgeriebene Schale von 1 Zitrone (unbehandelt)
50 g feingewürfeltes Zitronat (Sukkade)
6 Eiweiß
Semmelbrösel
Puderzucker

Die Kartoffeln waschen, in Wasser zum Kochen bringen, in 20–25 Minuten gar kochen lassen, abgießen, abdämpfen, etwas abkühlen lassen, noch warm pellen. Die Kartoffeln zugedeckt etwa 12 Stunden stehen lassen, fein reiben. Die Rosinen in eine Schüssel geben, mit Rum beträufeln, etwa 1 Stunde ziehen lassen. Das Eigelb schaumig schlagen, nach und nach Zucker, Salz, Zitronenschale und Zitronat dazugeben. Die geriebenen Kartoffeln und die gut abgetropften Rosinen unterrühren. Das Eiweiß steif schlagen, vorsichtig unterheben. Den Teig in eine gefettete, mit Semmelbröseln ausgestreute Springform (Ø 24 cm) füllen, glattstreichen. Die Form auf dem Rost in den Backofen schieben.

Ober-/Unterhitze: 180–200 °C (vorgeheizt)
Heißluft: 160–180 °C (nicht vorgeheizt)
Gas: Stufe 3–4 (vorgeheizt)
Backzeit: etwa 1Stunde.

Nach dem Backen die Torte etwa 5 Minuten in der Form stehen lassen. Den Rand mit einem Messer lösen. Die Torte auf einen Kuchenrost stürzen, den Boden der Form abheben. Die Torte mit Puderzucker betäuben.

TIP

Als Beigabe angedickte Sauerkirschen und Schlagsahne reichen. Dafür ein Glas Sauerkirschen abtropfen lassen, den Saft mit angerührter Speisestärke binden, die Kirschen zugeben, mit Zucker abschmecken.

Kartoffel-TOMATEN-PILZ-AUFLAUF

1 kg mehligkochende Kartoffeln
Salzwasser
40 g durchwachsener, geräucherter Speck
1 Zwiebel
2 EL heißes Speiseöl
1 Dose (315 g) Champignons
frisch gemahlener Pfeffer
Salz
500 g Tomaten
je 1 EL gehackte Petersilie und Oregano
etwa 125 ml (1/8 l) Milch
50–75 g Butter
75 g geriebener Emmentaler

Die Kartoffeln waschen, schälen, in Stücke schneiden, in 15–20 Minuten garen. Den Speck in kleine Würfel schneiden. Die Zwiebel abziehen, fein würfeln. Das Öl erhitzen, die Zwiebel- und Speckwürfel hinzugeben, anrösten. Die Champignons in einem Sieb abtropfen lassen, die Abtropfflüssigkeit auffangen, die Champignons mit den Speck- und Zwiebelwürfeln andünsten, mit Salz und Pfeffer würzen. Die Tomaten kurze Zeit in kochendes Wasser legen (nicht kochen lassen), in kaltem Wasser abschrecken, enthäuten, die Stengelansätze herausschneiden, die Tomaten in Achtel schneiden, dazugeben, kurz durchdünsten. Petersilie und Oregano darüberstreuen. Die Champignonflüssigkeit mit Milch auf 250 ml (1/4 l) auffüllen, aufkochen lassen. Die Kartoffeln abgießen, zerstampfen oder durch eine Kartoffelpresse geben. Die Champignon-Milch-Flüssigkeit zugeben, gut durchrühren, mit Salz und Pfeffer abschmecken. 1/3 des Pürees in eine gefettete Auflaufform geben, die Tomaten-Pilz-Masse darauf verteilen. Das restliche Püree daraufgeben, glattstreichen und den Käse darüberstreuen. Die Form auf dem Rost in den Backofen schieben.

Ober-/Unterhitze: etwa 200 °C (vorgeheizt)
Heißluft: etwa 180 °C (nicht vorgeheizt)
Gas: etwa Stufe 4 (vorgeheizt)
Backzeit: 30–40 Minuten.

TIP

Anstatt der Dosenchampignons 500 g frische Champignons putzen, waschen, große Köpfe halbieren oder vierteln. Die Champignons mit den Speck- und Zwiebelwürfeln etwa 5 Minuten dünsten, die sich bildende Garflüssigkeit abgießen und für das Püree verwenden.

Auflauf MIT PAPRIKA UND SALAMI

750 g mehligkochende Kartoffeln
2 rote Paprikaschoten
Salz
2 EL Speiseöl
frisch gemahlener Pfeffer
150 g Feta-Käse
100 g Salami in Scheiben
3 Eier
1 Becher (200 g) Joghurt
1 EL gehackte Petersilie

Die Kartoffeln waschen, schälen, in Stifte schneiden. Die Paprikaschoten putzen, entkernen, die weißen Scheidewände entfernen, waschen und in Würfel schneiden. Die Kartoffeln in kochendes Salzwasser geben, etwa 5 Minuten kochen, abgießen. Die Paprikawürfel in erhitztem Öl unter gelegentlichem Wenden etwa 5 Minuten braten, leicht salzen und pfeffern. Den Feta-Käse würfen. Die Kartoffeln und Paprika abwechselnd mit der Hälfte des Käses und den Salamischeiben in eine feuerfeste Form schichten. Eier, Salz, Pfeffer und Joghurt verrühren und darübergießen. Den Auflauf mit dem restlichen Käse bestreuen. Die Form auf dem Rost in den Backofen schieben.

Ober-/Unterhitze: etwa 200 °C (vorgeheizt)
Heißluft: etwa 180 °C (nicht vorgeheizt)
Gas: etwa Stufe 4 (vorgeheizt)
Backzeit: etwa 40 Minuten.

Den fertigen Auflauf mit Petersilie bestreuen.

Kartoffel-
KÄSE-GRATIN

1 kg mehlig-festkochende Kartoffeln
300 g mittelalter Gouda
Salz
grob gestoßener Pfeffer
1 Becher (150 g) Crème double
150 ml Schlagsahne

Die Kartoffeln schälen, waschen, in dünne Scheiben schneiden. Den Gouda grob raspeln. Die Kartoffeln mit Salz und Pfeffer würzen. Die Kartoffelscheiben und den Käse in eine flache Auflaufform (Ø 26 cm) schichten. Crème double mit der Sahne verrühren, mit Salz abschmecken, über die Zutaten verteilen. Die Form auf dem Rost in den Backofen schieben.
Ober-/Unterhitze: etwa 180 °C (vorgeheizt)
Heißluft: etwa 160 °C (nicht vorgeheizt)
Gas: etwa Stufe 3 (vorgeheizt)
Backzeit: 45–60 Minuten.
Beilage: Gemischter Salat.

Das Kartoffel-Käse-Gratin eignet sich als Beilage zu kurzgebratenem Fleisch, wie z. B. Schnitzel, Steak oder Kotelett sowie zu gebratener Lammkeule.

TIP

Da Säure, z. B. im Sauerrahm, das Garen von Kartoffeln verhindert, eignet sich die säurefreie Crème double für dieses Gartin besonders gut.

Thüringer KNÖDEL-AUFLAUF

1 1/2 kg mehligkochende Kartoffeln
250 ml (1/4 l) Milch
40 g Butter
Salz
150 g Grieß
100 g mittelalter Gouda
100 g durchwachsener, geräucherter Speck
1 Kopf Römersalat
2 Becher (je 200 ml) Schlagsahne
3 Eier
frisch gemahlener Pfeffer
geriebene Muskatnuß
1/2 Bund Schnittlauch
2 EL Röstzwiebeln

Die Kartoffeln waschen, schälen, abspülen, fein reiben, in einem Küchentuch gut auspressen. Die Milch mit Butter und Salz zum Kochen bringen. Den Grieß unter Rühren einstreuen, kurz aufkochen lassen, sofort mit den ausgepreßten Kartoffeln mischen, mit Salz abschmecken. Aus der Kartoffelmasse mit nassen Händen 12 Klöße formen. Salzwasser zum Kochen bringen, die Klöße hineingeben, zum Kochen bringen, in etwa 20 Minuten gar ziehen lassen. Den Käse reiben und den Speck würfeln. Den Salat putzen, waschen, in Streifen schneiden und in der Auflaufform verteilen. Die Sahne mit den Eiern verschlagen, mit Salz, Pfeffer und Muskatnuß würzen. Die Knödel mit einer Schaumkelle aus dem Wasser nehmen, abtropfen lassen und in die Auflaufform auf die Salatstreifen setzen. Die Eier-Sahne darübergießen. Die Knödel mit Käse und Speckwürfeln bestreuen. Die Form auf dem Rost in den Backofen schieben.

Ober-/Unterhitze: etwa 200 °C (vorgeheizt)
Heißluft: etwa 180 °C (nicht vorgeheizt)
Gas: Stufe 3–4 (vorgeheizt)
Backzeit: etwa 40 Minuten.

Den Schnittlauch abspülen, trockentupfen, in Röllchen schneiden. Zusammen mit den Röstzwiebeln über den fertigen Auflauf streuen.

Pikanter KARTOFFEL-KUCHEN

(4–6 Portionen – ohne Foto)

1 1/4 kg Kartoffeln
250 ml (1/4 l) Schlagsahne
4 Eier
Salz
2 TL gerebelter Oregano
100 g geriebener Parmesan
Butter
500 g Tomaten
300 g Mozzarella
100 g Salamischeiben
frisch gemahlener Pfeffer

Die Kartoffeln schälen, waschen. Die Schlagsahne mit den Eiern verrühren, die Kartoffeln grob reiben, sofort mit der Eier-Sahne verrühren. Salz, Oregano und Parmesan unterrühren. Eine große, flache, feuerfeste Form mit Butter ausrei ben, die Kartoffel-Masse hineingeben, glattstreichen. Die Form auf dem Rost in den Backofen (oberste Einschubleiste) schieben.

Ober-/Unterhitze: 200–220 °C (vorgeheizt)
Heißluft: 180–200 °C (nicht vorgeheizt)
Gas: Stufe 3–4 (vorgeheizt)
Backzeit: etwa 45 Minuten.

Nach etwa 20 Minuten die Tomaten waschen, die Stengelansätze herausschneiden. Die Tomaten und den Mozzarella in Scheiben schneiden. Den vorgebackenen Kartoffelkuchen mit Tomatenscheiben und Salamischeiben belegen, die Tomaten mit Salz bestreuen, den Mozzarella auf dem Kartoffelkuchen verteilen. Den Kuchen weitere 20 Minuten auf der unteren Einschubleiste backen, vor dem Servieren etwa 5 Minuten im ausgeschalteten Backofen ruhen lassen, mit Pfeffer bestreuen, sofort servieren.

TIP

Dazu paßt ein gemischter Salat mit Schnittlauchvinaigrette. Als Getränk einen kräftigen Weißwein oder ein frisches Pils reichen.

Westfälischer KARTOFFELPUFFER VOM BLECH

1 kg Kartoffeln (vorwiegend festkochend)
1 Ei , 85 g Grieß
85 g Weizenmehl
1–2 EL gerebelter Majoran
1 große Zwiebel, Salz, Pfeffer
30 g Schweineschmalz
250 g magerer, geräucherter Speck in dünnen Scheiben

Die Kartoffeln schälen, grob reiben. Sobald sich in der Schüssel Kartoffelwasser absetzt 2–3 Eßlöffel abfüllen. Das Ei, Grieß, Mehl und Majoran unter die Kartoffelmasse mischen. Die Zwiebel abziehen, fein hacken, unter die Kartoffelmasse heben. Die Masse mit Salz und Pfeffer abschmecken. Ein Backblech mit dem Schweineschmalz einfetten. Den Kartoffelteig 1 1/2–2 cm dick auf das Blech streichen. Den Speck auf den Kartoffelteig legen. Das Blech auf die mittlere Schiene in den Backofen schieben.

Ober-/Unterhitze: etwa 200 °C (vorgeheizt)
Heißluft: etwa 180 °C (nicht vorgeheizt)
Gas: etwa Stufe 4 (vorgeheizt)
Backzeit: 45–60 Minuten.

Nach dem Backen in rechteckige Stücke schneiden, heiß servieren.

Fisch-
KARTOFFEL-GERICHT

4 lange mehlig-festkochende Kartoffeln (je 150–200 g)
Salz
frisch geriebene Muskatnuß
300 g Rotbarschfilet
Weinessig oder Zitronensaft
frisch gemahlener Pfeffer
100 g Frühlingszwiebeln, vorbereitet
1 Becher (200 g) saure Sahne
2 EL Parmesan
Paprika edelsüß
4 EL feingeschnittener Schnittlauch

Die Kartoffeln waschen. In den unteren Teil des Kartoffeldämpfers Wasser einfüllen. Den Siebeinsatz daraufstellen, die Kartoffeln hineingeben. Zugedeckt bei nicht zu starker Hitze etwa 35–40 Minuten garen. Die Kartoffeln pellen, der Länge nach halbieren. Eine flache feuerfeste Form ausfetten. Die Kartoffelhälften nebeneinander hineinsetzen. Mit Salz und Muskatnuß bestreuen. Das Fischfilet unter fließendem kaltem Wasser abspülen, trockentupfen. Den Fisch in 8 gleichgroße Stücke (den Kartoffeln entsprechend) schneiden. Mit etwas Essig oder Zitronensaft beträufeln, etwa 15 Minuten stehen lassen. Wieder trockentupfen, mit Pfeffer und wenig Salz würzen. Die Frühlingszwiebeln putzen, waschen, in feine Ringe schneiden, um die Kartoffeln verteilen. Die Fischstücke auf die Kartoffeln legen. Saure Sahne und Parmesankäse verrühren, mit Paprika, Pfeffer und Salz abschmecken. Den Schnittlauch unterrühren. Die Sauce auf dem Fisch verteilen. Auf dem Rost in den Ofen schieben.

Ober-/Unterhitze: etwa 200 °C (vorgeheizt)
Heißluft: etwa 180 °C (nicht vorgeheizt)
Gas: etwa Stufe 4 (vorgeheizt)
Backzeit: etwa 20 Minuten.

TIP

Das Gericht als kleine Abendmahlzeit oder für 2 Personen als Hauptgericht servieren.

Kartoffel-Porree-Auflauf MIT HACKFLEISCH

750 g Kartoffeln
4 Stangen (500 g) Porree (Lauch)
2 Zwiebeln
2 Knoblauchzehen
2 EL Speiseöl
500 g Gehacktes (halb Rind-, halb Schweinefleisch)
Salz
frisch gemahlener Pfeffer
Cayennepfeffer
250 g saure Sahne
2 EL gehackte Petersilie
50 g geriebener Emmentaler
Butter

Die Kartoffeln waschen, in Salzwasser zum Kochen bringen, in 20–25 Minuten gar kochen lassen, abgießen, abdämpfen, heiß pellen, erkalten lassen, in Scheiben schneiden. Den Porree putzen, das dunkle Grün bis auf etwa 10 cm entfernen, den Porree in Scheiben schneiden, gründlich waschen, in kochendes Salzwasser geben, zum Kochen bringen, 2–3 Minuten kochen, abtropfen lassen. Die Zwiebeln und Knoblauch abziehen, fein würfeln. Das Speiseöl erhitzen, Zwiebel- und Knoblauchwürfel darin glasig dünsten lassen. Das Gehackte unter Rühren darin braun braten lassen, dabei die Fleischklümpchen zerdrücken. Das Hackfleisch mit Salz, Pfeffer, Cayennepfeffer würzen. Die saure Sahne mit der gehackten Petersilie verrühren, mit Salz und Pfeffer würzen. Eine feuerfeste Form ausfetten, die Hälfte der Kartoffelscheiben und der Porreeringe einfüllen, mit Salz bestreuen, mit der restlichen Sahne bedecken. Den geriebenen Käse darüberstreuen. Die Butter in Flöckchen darauf setzen. Die Form auf dem Rost in den Backofen schieben.

Ober-/Unterhitze: etwa 200 °C (vorgeheizt)
Heißluft: etwa 180 °C (nicht vorgeheizt)
Gas: Stufe 3–4 (vorgeheizt)
Backzeit: etwa 30 Minuten.

Kartoffel-STRUDEL

Für den Strudelteig:
300 g Weizenmehl
1 Ei
Salz
1 EL Speiseöl
100 ml warmes Wasser
1/2 EL Weinessig

Für die Füllung:
60 g Butter
60 g Zucker
2 Eigelb
abgeriebene Schale und Saft von 1 Zitrone (unbehandelt)
50 g abgezogene, gemahlene Mandeln
125 ml (1/8 l) Schlagsahne
100 g Rosinen
250 g mehligkochende Pellkartoffeln
2 Eiweiß
Semmelbrösel
20 g Butter
Puderzucker

Für den Teig das Mehl auf die Arbeitsfläche sieben, in die Mitte eine Vertiefung eindrücken, Ei und Salz hineingeben, Speiseöl darüberträufeln. Das Wasser mit dem Weinessig mischen, nach und nach hinzufügen, mit einem Teil des Mehls zu einem dicken Brei verarbeiten, mit Mehl bedecken, von der Mitte aus alle Zutaten schnell zu einem glatten, glänzenden Teig verarbeiten. Den Teig eine Zeitlang abgedeckt ruhen lassen. Für die Füllung die Butter geschmeidig rühren, nach und nach Zucker und Eigelb hinzufügen, so lange rühren, bis eine cremige Masse entstanden ist. Zitronenschale und -saft, Mandeln und Schlagsahne dazugeben. Die Rosinen verlesen, die Kartoffeln noch heiß pellen, durch die Kartoffelpresse geben. Beide Zutaten unter den Teig rühren. Das Eiweiß steif schlagen, vorsichtig unterheben. Den Strudelteig auf einem bemehlten großen Tuch (Tischtuch) etwas ausrollen, mit den Händen zu einem Rechteck von 50 x 70 cm dünn ausziehen. Die Teigplatte, bis auf einen Rand von etwa 3 cm, mit Semmelbröseln bestreuen, darauf gleichmäßig die Füllung verteilen. Den Teig von der längeren Seite her, mit der Füllung beginnend, aufrollen, an den Enden gut zusammendrücken, auf ein gefettetes Backblech legen. Die Butter zerlassen, den Strudel damit bestreichen. Das Blech in den Backofen schieben.

Ober-/Unterhitze: 200–220 °C (vorgeheizt)
Heißluft: 180–200 °C (nicht vorgeheizt)
Gas: Stufe 4–5 (vorgeheizt)
Backzeit: etwa 50 Minuten.

Den Strudel nach dem Backen mit Puderzucker bestäuben, warm servieren.

TIP

Nach Belieben eine Fruchtsauce, angedickte Sauerkirschen, Kompott oder Vanillesauce dazu reichen.

Kartoffelauflauf
MIT KASSELER UND GEMÜSE

600 g mittelgroße, mehlig-festkochende Kartoffeln
Salzwasser
300 g Broccoli
500 g Kasseler (ohne Knochen)
500 g Tomaten
4 Eier
200 ml Milch
Salz
frisch gemahlener Pfeffer
geriebene Muskatnuß
75 g geriebener Gouda
1–2 EL feingeschnittener Schnittlauch

Die Kartoffeln waschen, schälen, abspülen, fächerartig in 2 mm Abstand einschneiden (dazu die Kartoffeln auf einen Löffel legen), 8–10 Minuten in Salzwasser kochen, herausnehmen, an den Rand einer Auflaufform setzen. Den Broccoli putzen, waschen, in Röschen teilen, den Stiel schälen, vierteln, die Stielstücke etwa 3 Minuten und die Röschen etwa 2 Minuten in dem Kartoffelkochwasser blanchieren, herausnehmen. Das Kasseler abspülen, trockentupfen, würfeln und die Tomaten waschen.
Broccoli, Kasseler und Tomaten in die Auflaufform geben. Die Eier mit der Milch verquirlen, mit Salz, Pfeffer, Muskatnuß würzen, über die Zutaten gießen. Mit dem Käse bestreuen, auf dem Rost in den Backofen schieben.

Ober-/Unterhitze: etwa 200 °C (vorgeheizt)
Heißluft: etwa 180 °C (nicht vorgeheizt)
Gas: Stufe 3–4 (vorgeheizt)
Backzeit: etwa 45 Minuten.

Den Auflauf mit Schnittlauch bestreut servieren.

Kartoffel-KOHLRABI-GRATIN

(Foto rechts)

500 g mehligkochende Kartoffeln
3–4 kleine Kohlrabi
3–4 abgezogene Zwiebeln
150 g Salami in Scheiben
200 g geriebener Emmentaler
Salz, Pfeffer
250 ml (1/4 l) Milch
125 ml (1/8 l) Schlagsahne
2 Eier
Paprika, edelsüß
2–3 EL Semmelbrösel
1–2 EL Butter

Die Kartoffeln waschen, schälen, abspülen. Die Kohlrabi putzen, schälen, waschen. Die Kartoffeln, Kohlrabi und Zwiebeln in dünne Scheiben schneiden oder hobeln. Eine flache Auflaufform ausfetten, die Zutaten abwechselnd mit den Salamischeiben einschichten, die untere und die obere Schicht sollten aus Kartoffelscheiben bestehen. Kohlrabi- und Kartoffelschichten jeweils mit etwas Käse bestreuen, mit Salz und Pfeffer würzen. Die Milch mit Sahne und Eiern verschlagen, mit Salz und Paprika würzen, anschließend über den Auflauf gießen. Den restlichen Käse mit 2–3 Eßlöffeln Semmelbrösel vermengen, über den Auflauf streuen. Die Butter zerlassen, darüberträufeln. Die Form auf dem Rost in den Backofen schieben.

Ober-/Unterhitze: etwa 200 °C (vorgeheizt)
Heißluft: etwa 180 °C (nicht vorgeheizt)
Gas: etwa Stufe 4 (vorgeheizt)
Backzeit: etwa 45 Minuten.

Den Auflauf nach der Hälfte der Backzeit mit Alufolie abdecken.

Kartoffel-PIZZA

(Foto links)

750 g Kartoffeln, 150 g geräucherter Speck
500 g Tomaten, 1/4 TL gerebelter Oregano
1 EL gehackte Petersilie, Salz, Pfeffer
250 g Maasdamer, in Scheiben

Die Kartoffeln waschen, schälen, abspülen, in dünne Scheiben schneiden, zum Trocknen eine Zeitlang auf Küchenpapier legen. Den Speck würfeln, auslassen, die Kartoffelscheiben hinzugeben, etwa 10 Minuten unter öfterem Wenden braten lassen. Die Tomaten waschen, abtrocknen, in Scheiben schneiden, mit den Kartoffelscheiben vermengen. Beide Zutaten gleichmäßig auf einem gefetteten Backblech verteilen, mit Oregano, Petersilie, Salz und Pfeffer bestreuen. Die Pizza mit dem Käse gleichmäßig belegen. Das Blech in den Backofen schieben.

Ober-/Unterhitze: 200–220 °C (vorgeheizt)
Heißluft: 180–200 °C (nicht vorgeheizt)
Gas: Stufe 4–5 (vorgeheizt)
Backzeit: etwa 25 Minuten.

Kartoffel-
KÄSE-AUFLAUF

750 g mehlig-festkochende Pellkartoffeln
300 g Zucchini
200 g Allgäuer Emmentaler
Salz
frisch gemahlener Pfeffer
1 Zwiebel
2 EL Butter
375 ml (3/8 l) Milch
2 Eier

Die Pellkartoffeln pellen, würfeln. Die Zucchini waschen, Stengelansätze abschneiden. Die Zucchini würfeln und den Emmentaler reiben. Kartoffel- und Zucchiniwürfel in eine gefettete Auflaufform schichten, dabei jede Lage mit Salz und Pfeffer würzen und mit etwas Käse bestreuen. Die Zwiebel abziehen, fein würfeln, Butter zerlassen, die Zwiebel darin andünsten. Die Milch mit den Eiern verschlagen, die Zwiebelwürfel unterrühren. Die Mischung über Kartoffeln und Zucchini gießen, den restlichen Käse darüberstreuen. Die Form auf dem Rost in den Backofen schieben.

Ober-/Unterhitze: etwa 200 °C(vorgeheizt)
Heißluft: etwa 180 °C (nicht vorgeheizt)
Gas: Stufe 3–4 (vorgeheizt)
Backzeit: etwa 45 Minuten.

Rosmarin-Kartoffeln
MIT SCHMANDSAUCE

(ohne Foto – Römertopf)

800 g kleine, mehligkochende Kartoffeln
1 Topf Rosmarin

Für die Schmandsauce:
1 Becher (250 g) Schmand
1 TL körniger Senf
3–4 EL Schlagsahne
Salz, frisch gemahlener Pfeffer
2 EL gehackte Kräuter, z. B. Petersilie, Schnittlauch, Dill

Die Kartoffeln unter fließendem kaltem Wasser gründlich abbürsten, kreuzweise einschneiden.

Den Rosmarin abspülen, die Nadeln und die kleinen Spitzen abschneiden, mit den Kartoffeln in den gewässerten Tontopf geben. Den Topf auf dem Rost in den kalten Backofen schieben.

Ober-/Unterhitze:
etwa 200 °C
Heißluft: etwa 180 °C
Gas: Stufe 3–4
Garzeit: 50–60 Minuten.

Für die Schmandsauce Schmand mit Senf und Schlagsahne verrühren, mit Salz und Pfeffer abschmecken. Die Kräuter unterrühren, zu den Kartoffeln servieren.

Überbackener KARTOFFELRING

1 kg mehligkochende Kartoffeln
Salzwasser
75 g Butter
2 Eier
Salz
frisch gemahlener Pfeffer
frisch geriebene Muskatnuß

Die Kartoffeln schälen, waschen, in Würfel schneiden, in so viel Salzwasser zum Kochen bringen, daß die Kartoffeln bedeckt sind, etwa 15 Minuten kochen lassen, abgießen, abdämpfen, noch heiß durch die Kartoffelpresse drücken oder zerstampfen. Die Butter und Eier unterrühren, mit Salz, Pfeffer und Muskatnuß würzen, den Kartoffelbrei in einen Spritzbeutel mit großer Sterntülle füllen, einen Kartoffelring in eine gefettete Auflaufform spritzen. Die Form auf dem Rost in den Backofen schieben.

Ober-/Unterhitze: 200–220 °C (vorgeheizt)
Heißluft: 180–200 °C (nicht vorgeheizt)
Gas: Stufe 5–6 (vorgeheizt)
Backzeit: etwa 15 Minuten.

Ein Gemüse-Champignon-Ragout in die Mitte des Kartoffelringes geben. Das restliche Ragout dazureichen.

TIP

Der Kartoffelring kann auch mit einem Kalbfleisch- oder Wildragout oder Gulasch gefüllt werden.

Vegetarischer KARTOFFEL-AUFLAUF

1 kg festkochende Kartoffeln
2 Gemüsezwiebeln
2 EL Sonnenblumenkerne
250 ml (1/4 l) Milch
250 ml (1/4 l) Fleischbrühe
2 Eier
Salz
frisch gemahlener Pfeffer
geriebene Muskatnuß
2 EL kernige Haferflocken
2 EL Semmelbrösel
evtl. Butterflöckchen

Die Kartoffeln waschen, schälen, abspülen, mit Küchenpapier trockentupfen, in dünne Scheiben schneiden oder hobeln. Die Gemüsezwiebeln abziehen, vierteln, in Scheiben schneiden. Eine flache Auflaufform mit Butter einfetten und die Zwiebeln hineinlegen. Die Kartoffelscheiben hineinschichten. Ab und zu in dem Auflauf verteilt die Sonnenblumenkerne streuen. Die Milch mit Fleischbrühe, Eiern, Salz, Pfeffer und Muskatnuß verrühren. Die Haferflocken und die Semmelbrösel über die Kartoffeln verteilen und das Milch-Gemisch darübergeben. Je nach Geschmack einige Butterflöckchen auf den Auflauf legen. Die Form auf dem Rost in den Backofen schieben.

Ober-/Unterhitze: etwa 200 °C (vorgeheizt)
Heißluft: etwa 180 °C (nicht vorgeheizt)
Gas: Stufe 3–4 (vorgeheizt)
Backzeit: 50–60 Minuten.

Sollte der Auflauf zu stark bräunen, ihn mit Alufolie abdecken.

Beigabe: Grüner Salat.

Kartoffelgratin MIT KNOBLAUCH-QUARK

750 g mehligkochende Pellkartoffeln
200 g gekochter Schinken
1 Pck. (200 g) Knoblauch-Quark
2 Eigelb, 2 Eiweiß
Butter
frisch gemahlener Pfeffer

Die Pellkartoffeln pellen, in Scheiben schneiden. Den gekochten Schinken in Würfel schneiden. Den Knoblauch-Quark mit dem Eigelb verrühren, das Eiweiß steif schlagen, unter den Quark heben. Eine feuerfeste Form ausfetten, abwechselnd Kartoffelscheiben, Schinkenwürfel und Quark-Creme einschichten. Die Butter in Flöckchen darauf setzen, mit Pfeffer bestreuen. Die Form auf dem Rost in den Backofen schieben.

Ober-/Unterhitze: etwa 200 °C (vorgeheizt)
Heißluft: etwa 180 °C (nicht vorgeheizt)
Gas: Stufe 3–4 (vorgeheizt)
Backzeit: etwa 30 Minuten.

Westfälische POTTHUCKE

(ohne Foto)

300 g mehligkochende, gekochte Salzkartoffeln
700 g mehligkochende, rohe Kartoffeln
200 g Schmand
4 Eier
Salz
frisch gemahlener Pfeffer
200 g Rauchenden
2 EL Butterschmalz

Die gekochten Kartoffeln heiß durch eine Kartoffelpresse geben, kalt stellen. Die rohen Kartoffeln schälen, waschen, fein reiben, in einem Küchentuch auspressen. Beide Zutaten mit Schmand und Eiern vermengen, mit Salz und Pfeffer abschmecken. Die Rauchenden in Würfel schneiden, unter den Teig heben. Eine Kastenform (30 x 11 cm) mit Backpapier auslegen, die Masse einfüllen, und die Form auf dem Rost in den Backofen schieben.

Ober-/Unterhitze: etwa 180 °C (vorgeheizt)
Heißluft: etwa 160 °C (nicht vorgeheizt)
Gas: etwa Stufe 3 (vorgeheizt)
Backzeit: etwa 75 Minuten.

Die Form aus dem Ofen nehmen, etwas abkühlen lassen, auf eine Platte stürzen, erkalten lassen und in 1 1/2 cm dicke Scheiben schneiden. Butterschmalz in einer Pfanne erhitzen, die Scheiben darin von beiden Seiten etwa 5 Minuten braten.

TIP

Dazu grünen Salat und westfälischen Knochenschinken reichen. Als Getränk eignet sich ein Pils.

Schwedische KARTOFFELN

1 kg festkochende, mittelgroße Kartoffeln
50 g zerlassene Butter, Salz
frisch gemahlener Pfeffer
20–30 g frisch geriebener Parmesan

Die Kartoffeln schälen, waschen, jede Kartoffel auf einen Löffel legen, mit einem Messer bis zum Löffelrand, in Abständen von etwa 3 mm, einschneiden, in eine gefettete Auflaufform geben, mit Butter bestreichen, mit Salz und Pfeffer bestreuen. Die Form auf dem Rost in den Backofen schieben. Die Kartoffeln ab und zu mit der Butter aus der Auflaufform bestreichen und nach etwa 40 Minuten Backzeit mit Parmesan bestreuen.

Ober-/Unterhitze: 200–220 °C (vorgeheizt)
Heißluft: 180–200 °C (nicht vorgeheizt)
Gas: Stufe 4–5 (vorgeheizt)
Backzeit: etwa 1 Stunde.

Kartoffel-STEINPILZ-GRATIN

(Foto Seite 89)

25 g getrocknete Steinpilze
125 ml (1/8 l) lauwarmes Wasser
750 g mehligkochende oder mehlig-festkochende Kartoffeln
3 Lauchzwiebeln
20 g Butter oder Margarine
250 ml (1/4 l) Schlagsahne
Salz, Pfeffer
1 Bund gehackte Petersilie
75 g geriebener Parmesan

Die Steinpilze in dem Wasser einweichen. Die Kartoffeln schälen, waschen, in Scheiben schneiden oder hobeln. Die Lauchzwiebeln putzen, waschen, kleinschneiden. Die Butter in einem Topf zerlassen, die Lauchzwiebeln darin andünsten. Die Sahne und das Pilzwasser angießen, aufkochen, etwa 10 Minuten einkochen lassen, mit Salz und Pfeffer würzen. Die Pilze und die Petersilie unterrühren. Die Kartoffeln in eine gefettete Gratinform schichten. Die Pilzsauce darüber verteilen, mit dem Parmesan bestreuen. Die Form auf dem Rost in den Backofen schieben.

Ober-/Unterhitze: etwa 200 °C (vorgeheizt)
Heißluft: etwa 180 °C (nicht vorgeheizt)
Gas: etwa Stufe 4 (vorgeheizt)
Backzeit: 50–60 Minuten.

Kartoffel-Sahne-GRATIN

750 g mehlig-festkochende Kartoffeln
1 Knoblauchzehe, etwas Speiseöl
Salz, Pfeffer, geriebene Muskatnuß
250 ml (1/4 l) Schlagsahne
50 g Butterflöckchen

Die Kartoffeln schälen, waschen, in sehr dünne Scheiben schneiden oder hobeln. Die Knoblauchzehe abziehen und eine Gratinform damit ausreiben. Die Form mit Öl ausstreichen. Die Kartoffeln einschichten und mit Salz, Pfeffer und geriebener Muskatnuß würzen. Die Schlagsahne angießen. Die Butterflöckchen darauf verteilen und die Form in den Backofen schieben.

Ober-/Unterhitze: etwa 200 °C (vorgeheizt)
Heißluft: etwa 180 °C (nicht vorgeheizt)
Gas: etwa Stufe 4 (vorgeheizt)
Backzeit: 50–60 Minuten.

Kartoffel-LACHS-GRATIN

750 g mehligkochende Kartoffeln
200 g geräucherter Lachs (in Scheiben)
100 ml saure Sahne
100 ml Schlagsahne
Salz, Pfeffer
1 Bund gehackter Dill

Die Kartoffeln waschen, dünn schälen, abspülen, in dünne Scheiben schneiden oder hobeln. Den Lachs in Streifen schneiden und mit den Kartoffelscheiben in eine gefettete Gratinform schichten. Saure Sahne, Schlagsahne, Salz, Pfeffer und Dill verrühren, darübergeben und in den Backofen schieben.

Ober-/Unterhitze: etwa 200 °C (vorgeheizt)
Heißluft: etwa 180 °C (nicht vorgeheizt)
Gas: etwa Stufe 4 (vorgeheizt)
Backzeit: 50–60 Minuten.

Kartoffel-SOUFFLÉ

750 g mehligkochende Kartoffeln
60 g Butter, 3 Eigelb
70 g geriebener Käse, z. B. mittelalter Gouda
frisch geriebene Muskatnuß, 3 Eiweiß
Vollkornsemmelbrösel
30 g geriebener Käse, z.B. mittelalter Gouda
20 g Butter

Die Kartoffeln waschen, schälen, abspülen, in Stücke schneiden, in Salzwasser zum Kochen bringen, in etwa 20 Minuten gar kochen lassen. Die Kartoffeln abgießen, abdämpfen, sofort heiß durch die Kartoffelpresse geben, kalt stellen. Die Butter geschmeidig rühren, nach und nach den Kartoffelbrei, Eigelb, Käse und Muskatnuß hinzufügen, gut verrühren. Das Eiweiß steif schlagen, unterheben, die Masse in eine gefettete, mit Vollkornsemmelbröseln ausgestreute Auflaufform füllen (sie darf höchstens zu $^3/_4$ gefüllt sein), mit geriebenem Käse bestreuen. Die Butter in Flöckchen darauf setzen. Die Form auf dem Rost in den Backofen schieben.

Ober-/Unterhitze: 200–220 °C (vorgeheizt)
Heißluft: 180–200 °C (nicht vorgeheizt)
Gas: Stufe 3–4 (vorgeheizt)
Backzeit: etwa 45 Minuten.

TIP

Ein Soufflé herzustellen, ist nicht so schwierig, wie oft angenommen wird. Das steifgeschlagene Eiweiß, das zum Schluß vorsichtig untergehoben wird, sorgt für eine lockere Beschaffenheit des Soufflés und läßt es beim Backen aufgehen. Die Oberfläche wird dabei knusprig, während das Innere des Soufflés cremig bleibt. Ein Soufflé sollte so heiß wie möglich serviert werden, da es beim Abkühlen leicht zusammenfällt. Es empfiehlt sich daher, bei größeren Portionen das Soufflé in kleinen Förmchen zu backen.

Bunter WURSTAUFLAUF

(ohne Foto)

750 g festkochende Pellkartoffeln
2 Zucchini (400 g)
3 Tomaten (300 g)
200 g Geflügelfleischwurst
Salz, Pfeffer
100 ml Gemüsebrühe
200 g geriebener Käse, z. B. Emmentaler
$^1/_2$ Bund Majoran

Die Kartoffeln heiß pellen. Die Zucchini und Tomaten waschen, putzen. Die Fleischwurst, die Kartoffeln und das Gemüse in Scheiben schneiden. Alles in eine gefettete Auflaufform schichten, mit Salz und Pfeffer würzen. Die Gemüsebrühe angießen. Die Form auf dem Rost in den Backofen schieben.

Ober-/Unterhitze: etwa 200 °C (vorgeheizt)
Heißluft: etwa 180 °C (nicht vorgeheizt)
Gas: etwa Stufe 4 (vorgeheizt)
Backzeit: etwa 25 Minuten.

Den Käse darüberstreuen und weitere 15 Minuten überbacken. Den Auflauf mit gewaschenen, trockengetupften Majoranblättchen bestreuen.

Folienkartoffeln MIT KRÄUTERQUARK

8 mittelgroße mehligkochende Kartoffeln
Salz
Speiseöl

Für die Füllung:
200 g Sahnequark
2 EL Crème fraîche
1 große Zwiebel
1 EL Schnittlauchröllchen
1 EL gehackte Pimpinelle
frisch gemahlener Pfeffer, Salz

Die Kartoffeln unter fließendem kaltem Wasser gründlich bürsten, abtrocknen, schräg einschneiden, mit Salz bestreuen. 8 Stück Alufolie mit Speiseöl bestreichen, jeweils 1 Kartoffel einpacken, auf den heißen Grillrost legen, etwa 40 Minuten grillen, Kartoffeln mehrmals wenden. Für die Füllung Sahnequark mit Crème fraîche verrühren. Die Zwiebel abziehen, sehr klein würfeln, mit Schnittlauchröllchen und Pimpinelle unter den Quark rühren, mit Pfeffer und Salz würzen. Die Päckchen vom Grill nehmen, die Folie öffnen, die Kartoffeln mit einer Gabel etwas aufreißen und den Kräuterquark darauf verteilen.

TIP

Die Kartoffeln anstatt mit Kräuterquark mit Kräuterbutter füllen. Dafür in jede Kartoffel mit Hilfe eines Apfelausstechers ein Loch stechen, mit Kräuterbutter füllen und die Kartoffeln in Alufolie gewickelt wie oben grillen.

Patate AL FORNO

(Überbackene Kartoffeln)

10 große, mehligkochende Kartoffeln
Salz

Für die Füllung:
125 ml (1/8 l) heiße Milch
125 ml (1/8 l) Schlagsahne
50 g geriebener Emmentaler oder Parmesan
50 g Butter

Die Kartoffeln gründlich unter fließendem kaltem Wasser waschen, einen Deckel abschneiden, die Schnittfläche leicht mit Salz bestreuen. Die Kartoffeln auf ein gefettetes Backblech setzen, in den Backofen schieben, backen lassen.

Ober-/Unterhitze: 180–200 °C (vorgeheizt)
Heißluft: 160–180 °C (nicht vorgeheizt)
Gas: Stufe 3–4 (vorgeheizt)
Backzeit: 40–60 Minuten.

Die Kartoffeln vorsichtig aushöhlen, damit die Schale nicht verletzt wird. Für die Füllung die Kartoffelmasse mit Milch und Schlagsahne zu einem glatten Püree verarbeiten. Die Masse mit einem Spritzbeutel in die ausgehöhlten Kartoffeln füllen, gleichmäßig mit Emmentaler oder Parmesan bestreuen. Die Butter zerlassen, so lange erhitzen, bis sie hellbraun ist, die Kartoffeln damit beträufeln. Die gefüllten Kartoffeln wieder auf das Backblech setzen, im Backofen so lange überbacken, bis sich eine Kruste bildet.

Ober-/Unterhitze: etwa 200 °C (vorgeheizt)
Heißluft: etwa 180 °C (nicht vorgeheizt)
Gas: Stufe 3–4 (vorgeheizt)
Backzeit: etwa 20 Minuten.

TIP

3–4 Eßlöffel feingehackte Kräuter (z.B. glatte Petersilie, Estragon, Dill oder Basilikum, Kerbel oder Schnittlauch) unter die Kartoffelmasse mengen. Steaks oder Lammkoteletts und frische Salate dazu reichen.

Kümmel-KARTOFFELN

(ohne Foto)

Für die Kümmel-Kartoffeln:
1 kg Kartoffeln, Kümmel
grobes Salz, 2 EL Speiseöl

Für den Quark:
500 g Speisequark
4–5 EL Milch oder Schlagsahne
Salz
frisch gemahlener Pfeffer
nach Belieben 2–3 EL gehackte Kräuter

Für die Kümmel-Kartoffeln die Kartoffeln gründlich waschen, ungeschält halbieren und mit den Schnittflächen in Kümmel und grobes Salz tauchen. Die Kartoffeln auf ein gefettetes Backblech setzen. Die Kartoffeln mit Speiseöl bestreichen und in den Backofen schieben.

Ober-/Unterhitze: 180–200 °C (vorgeheizt)
Heißluft: 160–180 °C (nicht vorgeheizt)
Gas: Stufe 3–4 (vorgeheizt)
Backzeit: etwa 40 Minuten.

Den Quark mit der Milch oder Sahne verrühren, mit Salz und Pfeffer abschmecken, schaumig rühren und evtl. Kräuter unterrühren.

Kartoffeln IM SPECKMANTEL

1 kg neue Kartoffeln
Salzwasser
200 g Frühstücksspeck (Bacon, in Scheiben)
1 TL gemahlener Kümmel
frisch gemahlener Pfeffer
500 g kleine Tomaten
Salbeiblätter
gehackte Thymianblättchen
Salz

Die Kartoffeln waschen, mit Salzwasser zum Kochen bringen, in 20–25 Minuten gar kochen lassen, abgießen, abdämpfen, heiß pellen, erkalten lassen. Die Frühstücksspeckscheiben nach Belieben längs halbieren, mit Kümmel und Pfeffer bestreuen, etwa die Hälfte der Kartoffeln mit den Speckscheiben umwickeln, abwechselnd bewickelte und unbewickelte Kartoffeln nebeneinander in eine gefettete Auflaufform setzen. Die Tomaten waschen, abtrocknen, über Kreuz einschneiden, gleichmäßig zwischen die Kartoffeln setzen. Die Kartoffeln ohne Speck mit Salbeiblättchen belegen und die Tomaten mit Thymian bestreuen, mit Salz und Pfeffer würzen. Die Form auf dem Rost in den Backofen schieben.

Ober-/Unterhitze: 200–220 °C (nicht vorgeheizt)
Heißluft: 180–200 °C (nicht vorgeheizt)
Gas: Stufe 3–4 (nicht vorgeheizt)
Backzeit: etwa 30 Minuten.

TIP

Die Kartoffeln im Speckmantel können auch mit grob gehackten Rosmarinnadeln gewürzt werden.

Bunter KARTOFFEL-AUFLAUF

600 g festkochende Pellkartoffeln
je 1 rote, grüne, gelbe Paprikaschote
1 Dose (150 g) Mais
120 g gedünstete Champignons
1 Becher (150 g) Kräuter Crème fraîche
6 EL Milch
Salz
frisch gemahlener Pfeffer
Paprika, edelsüß
1 Frühlingszwiebel
1–2 EL gesalzene Erdnußkerne

Die noch heißen Kartoffeln pellen, erkalten lassen, in Scheiben schneiden. Die Paprikaschoten putzen, entkernen, waschen, in Streifen schneiden, 3 Minuten blanchieren, abtropfen lassen. Den Mais abtropfen lassen, mit den Champignons vermischen. Kräuter Crème fraîche mit Milch, Salz, Pfeffer und Paprika verrühren. Alles vermengen, in eine gefettete Auflaufform geben. Die Frühlingszwiebel putzen, waschen, in Ringe schneiden, mit den Erdnußkernen über dem Gemüse verteilen. Die Form auf dem Rost in den Backofen schieben.

Ober-/Unterhitze: etwa 200 °C (vorgeheizt)
Heißluft: etwa 180 °C (nicht vorgeheizt)
Gas: etwa Stufe 4 (vorgeheizt)
Backzeit: etwa 35 Minuten.

Kartoffelauflauf MIT BROCCOLI

(ohne Foto)

500 g mehligkochende Kartoffeln
Wasser
2 Roggenbrötchen
400 g Broccoli
Salzwasser
150 g gekochter Schinken
125 g weiches Butterschmalz
4 Eier
Salz, Pfeffer

geriebene Muskatnuß
1 TL gerebelter Majoran
1 EL feingehackte Petersilie
30 g Butter
50 g Semmelbrösel

Die Kartoffeln waschen, in so viel Wasser zum Kochen bringen, daß sie gerade bedeckt sind, in 20–25 Minuten gar kochen lassen, pellen, sofort durch die Kartoffelpresse geben. Die Roggenbrötchen in Wasser einweichen. Von dem Broccoli die Blätter entfernen, den Broccoli waschen, in Röschen teilen, die Röschen in kochendem Salzwasser etwa 4 Minuten und die geschälten, geviertelten Stiele 6 Minuten blanchieren. Den gekochten Schinken in Streifen schneiden. Das Butterschmalz mit dem Handrührgerät mit Rührbesen schaumig rühren. Die Eier trennen, das Eiweiß steif schlagen. Das Eigelb, die ausgedrückten Brötchen und die Kartoffelmasse unterrühren. Anschließend Broccoli, Schinkenstreifen und das steifgeschlagene Eiweiß unterheben, mit Salz, Pfeffer, Muskatnuß und Majoran abschmecken, Petersilie unterrühren. Die Masse in eine gefettete Auflaufform füllen. Die Butter zerlassen, Semmelbrösel unterrühren, auf dem Auflauf verteilen. Die Form auf dem Rost in den Backofen schieben.

Ober-/Unterhitze: 180–200 °C (vorgeheizt)
Heißluft: 160–180 °C (nicht vorgeheizt)
Gas: Stufe 3–4 (vorgeheizt)
Backzeit: etwa 45 Minuten.

Beilage: Dazu paßt ein gemischter Salat mit Schnittlauchvinaigrette. Als Getränk einen kräftigen Weißwein oder ein frisches Pils reichen.

Knoblauch-KARTOFFELN

8 große Kartoffeln
1 EL Kümmel

Für die Knoblauchbutter:
125 g weiche Butter
5 EL geriebener Parmesan
1 EL Crème fraîche
3 abgezogene, zerdrückte Knoblauchzehen
2 EL gehackte Petersilie
frisch gemahlener Pfeffer

Die Kartoffeln unter fließendem kaltem Wasser gründlich bürsten, in soviel Wasser geben, daß die Kartoffeln bedeckt sind, zum Kochen bringen, Kümmel hinzufügen, die Kartoffeln in 25–30 Minuten gar kochen lassen, abgießen, abdämpfen.

Für die Knoblauchbutter Butter mit Parmesan, Crème fraîche, Knoblauch und Petersilie verrühren, mit Pfeffer würzen. Die Kartoffeln längs halbieren, nebeneinander in eine gefettete, flache Gratin-Form setzen, die Schnittflächen mit der Knoblauchbutter bestreichen. Die Form auf dem Rost in den Backofen oder unter den Grill schieben.

Ober-/Unterhitze: etwa 250 °C (vorgeheizt)
Heißluft: etwa 230 °C (nicht vorgeheizt)
Gas: etwa Stufe 6 (vorgeheizt)
Back-/Grillzeit: 10–15 Minuten.

Kartoffel-ZUCCHINI-GRATIN

(2 Portionen)

250 g Pellkartoffeln
250 g Zucchini
2 Knoblauchzehen
250 ml (1/4 l) Schlagsahne
Meersalz
frisch gemahlener schwarzer Pfeffer
1 EL gehackte Estragonblättchen
50 g geriebener Emmentaler

Die Pellkartoffeln pellen und in Scheiben schneiden. Die Zucchini waschen und die Enden abschneiden. Die Zucchini in Scheiben schneiden. Die Kartoffel- und Zucchinischeiben schuppenartig in eine gefettete, flache Auflaufform schichten. Die Knoblauchzehen abziehen, durch die Knoblauchpresse geben, mit der Schlagsahne verrühren und mit Salz und Pfeffer würzen. Die Estragonblättchen unterrühren und über das Gemüse gießen, den Käse darüberstreuen. Die Form auf dem Rost in den Backofen schieben.

Ober-/Unterhitze: etwa 220 °C (vorgeheizt)
Heißluft: etwa 200 °C (nicht vorgeheizt)
Gas: etwa Stufe 4 (vorgeheizt)
Backzeit: 20–25 Minuten.

Rheinischer »DÖBBEKOOCHE«

(ohne Foto)

1 kg mehligkochende Kartoffeln
4 mittelgroße Zwiebeln
60 g Butterschmalz
4 Eier, Salz
frisch gemahlener Pfeffer
Butterschmalz
200 g durchwachsener Speck

Die Kartoffeln waschen, schälen, grob reiben, Zwiebeln abziehen, in dünne Scheiben schneiden. Die Hälfte von dem Butterschmalz zerlassen, die Zwiebelscheiben darin andünsten, mit der Kartoffelmasse vermischen. Die Eier verquirlen, mit Salz und Pfeffer kräftig abschmecken, unter die Kartoffel-Zwiebel-Masse heben. Die Masse in eine mit Butterschmalz gefettete Gratinform füllen. Den Speck fein würfeln, das restliche Butterschmalz in einer Pfanne erhitzen, die Speckwürfel unter Rühren darin anbräunen, über den Auflauf geben. Die Form auf dem Rost in den Backofen schieben.

Ober-/Unterhitze: etwa 200 °C (vorgeheizt)
Heißluft: etwa 180 °C (nicht vorgeheizt)
Gas: Stufe 3–4 (vorgeheizt)
Backzeit: etwa 45 Minuten.

Kartoffel-APFEL-GRATIN

750 g mehligkochende Kartoffeln
750 g Äpfel (z. B. Jonagold, Elstar)
Salz
frisch gemahlener Pfeffer
250 ml (1/4 l) heiße Milch
125 ml (1/8 l) Schlagsahne
1 TL Speisestärke
30 g grobgehackte Walnußkerne
100 g Greyerzer Käse

Die Kartoffeln waschen, schälen, in dünne Scheiben hobeln. Die Äpfel waschen, vierteln, das Kerngehäuse entfernen, quer in Scheiben schneiden. Die Kartoffeln mit den Äpfeln mischen, mit Salz und Pfeffer würzen, in 1 große oder 2 flache, gefettete Auflaufformen verteilen. Die Milch, Schlagsahne und Speisestärke verrühren, über die Zutaten gießen, mit Alufolie abgedeckt auf dem Rost in den Backofen stellen.

Ober-/Unterhitze: 190–200 °C (vorgeheizt)
Heißluft: 180–190 °C (nicht vorgeheizt)
Gas: Stufe 3–4
Backzeit: etwa 70 Minuten.

Nach der Hälfte der Backzeit die Folie entfernen, die Walnußkerne und den Käse darüberstreuen, zu Ende backen.

TIP

Das Kartoffel-Apfel-Gratin zu Kasseler, Bratwurst oder Leber reichen. Zusätzlich mit gewürfeltem durchwachsenem Speck bestreut ergibt es eine pikante Hauptmahlzeit.

Auflauf MIT TOMATEN

750 g festkochende Pellkartoffeln
2 Zwiebeln
1 Pck. TK-Suppengrün (50 g)
1 EL Butterschmalz
400 g Rindergehacktes
1 Pck. gewürfelte Tomaten (500 g)
Salz, Pfeffer
1 TL getrockneter Oregano
30 g Butter, 1 1/2 EL Weizenmehl
geriebene Muskatnuß
375 ml (3/8 l) Milch
100 g geriebener Emmentaler
3–4 Tomaten (in Scheiben)

Die Kartoffeln pellen, in Scheiben schneiden. Die Zwiebeln abziehen, würfeln, mit dem Suppengrün in Butterschmalz glasig dünsten. Das Hackfleisch zugeben, unter Wenden krümelig gar schmoren. Die Tomaten hinzugeben, alles offen einkochen lassen, mit Salz, Pfeffer und Oregano würzen. Die Butter zerlassen, das Mehl einrühren. Nach und nach die Milch zugeben, immer wieder glattrühren und aufkochen lassen, bevor neue Milch dazukommt. Die Hälfte des Käses unterrühren, mit Salz, Pfeffer und Muskat würzen, den Topf vom Herd nehmen. Eine Auflaufform einfetten, nacheinander eine Schicht Kartoffeln, Hackfleisch und Sauce einschichten. Zum Schluß mit den restlichen Kartoffel- und Tomatenscheiben abdecken. Mit Salz und Pfeffer würzen, den restlichen Käse darüber verteilen. Die Form auf dem Rost in den Backofen schieben.

Ober-/Unterhitze: etwa 200 °C (vorgeheizt)
Heißluft: etwa 180 °C (nicht vorgeheizt)
Gas: Stufe 3–4 (vorgeheizt)
Backzeit: etwa 45 Minuten.

Kartoffelauflauf »LUISE«

(Foto Seite 99)

1 kg festkochende Kartoffeln
Salz, frisch gemahlener Pfeffer
200 g geräucherter, durchwachsener Speck oder Schinken
150 g geriebener Emmentaler
500 ml (1/2 l) Schlagsahne, 4 Eier
2 EL gehackte Petersilie
geriebene Muskatnuß
Butterflöckchen

Die Kartoffeln waschen, schälen, abspülen, in dünne Scheiben hobeln und etwa 3 Minuten in kochendem Salzwasser blanchieren, mit Salz und Pfeffer würzen. Speck oder Schinken fein würfeln. Eine Auflaufform dünn mit Butter ausstreichen. Die Kartoffelscheiben und die Speck- oder Schinkenwürfel hineingeben, mit geriebenem Emmentaler bestreuen. Die Sahne mit den Eiern und der Petersilie verrühren, mit Salz, Pfeffer, Muskatnuß würzen, über die Kartoffeln gießen. Einige Butterflöckchen darauf verteilen. Die Form auf dem Rost in den Backofen schieben.

Ober-/Unterhitze: etwa 180 °C (vorgeheizt)
Heißluft: etwa 160 °C (nicht vorgeheizt)
Gas: etwa Stufe 3 (vorgeheizt)
Backzeit: etwa 50–60 Minuten.

Den Auflauf nach 45 Minuten Backzeit mit einem Deckel oder Alufolie abdecken.

Gut in Form –

KLÖSSE, NOCKERLN UND PÜREES

Speckknödel, MÜHLVIERTLER ART

(Foto Seite 100/101)

750 g mehligkochende Kartoffeln
125 g Weizenmehl
1 Ei
Salz
frisch gemahlener Pfeffer
Paprika edelsüß
100 g durchwachsener Speck
1–2 EL gehackte Petersilie
Salzwasser

Die Kartoffeln waschen, in Wasser (Kartoffeln müssen bedeckt sein) zum Kochen bringen, in 20–25 Minuten gar kochen lassen, abgießen. Die Kartoffeln im offenen Topf unter öfterem Schütteln abdämpfen lassen, pellen, abkühlen lassen, durch die Kartoffelpresse geben. Das Mehl und Ei unterrühren, den Teig mit Salz, Pfeffer und Paprika würzen. Den Speck in kleine Würfel schneiden, mit Petersilie vermengen, aus dem Kartoffelteig mit bemehlten Händen 8–10 Knödel formen, in die Mitte jedes Knödels ein Loch drücken, jeweils 1 Teelöffel Speckwürfel hineingeben, das Loch zudrücken. Die Knödel nochmals rund formen, in kochendes Salzwasser geben, zum Kochen bringen und in 15–20 Minuten gar ziehen lassen (Wasser muß sich leicht bewegen).

Beilage: Grünkohl oder Sauerkraut und Kasseler Rippenspeer oder Schweinebraten mit gemischtem Gemüse.

Spinat- KARTOFFELBREI

1 kg mehligkochende Kartoffeln
Salzwasser, 1–2 Zwiebeln
1 Knoblauchzehe
1 EL Olivenöl
600 g TK-Blattspinat, aufgetaut
Salz
frisch gemahlener Pfeffer
geriebene Muskatnuß
etwas Milch
20 g Butter

Die Kartoffeln schälen, waschen, würfeln und in Salzwasser in etwa 15 Minuten gar kochen. Die Zwiebeln und den Knoblauch abziehen, würfeln, in dem Öl andünsten. Den aufgetauten Blattspinat zugeben, mit Salz, Pfeffer und Muskatnuß würzen, etwa 5 Minuten dünsten, grob pürieren. Die Kartoffeln abgießen, zerstampfen oder durch eine Kartoffelpresse geben, mit dem Spinat vermengen, evtl. etwas Milch unterrühren, damit der Spinat-Kartoffelbrei eine cremige Konsistenz bekommt. Die Butter zugeben, nochmal mit den Gewürzen abschmecken.

Beigabe: Schnitzel vom Kalb, Schwein oder Pute und Salat.

Kartoffelnockerln MIT APFELSAUCE

Für die Kartoffelnockerln:
750 g mehligkochende Kartoffeln
150–200 g Weizenmehl
1 TL Salz, 1 Ei

Für die Apfelsauce:
3 Äpfel, z. B. Jonagold
100 g Porree (Lauch)
100 g Staudensellerie
1 EL Butter
500 ml (1/2 l) Gemüsebrühe
100 ml Apfelsaft
Saft von 1 Zitrone
1/2 Bund frischer Majoran
2 EL Crème fraîche
Salz
frisch gemahlener Pfeffer
Honig

Die Kartoffeln waschen, in Wasser in 20–25 Minuten gar kochen. Die Kartoffeln heiß pellen, sofort durch die Kartoffelpresse auf eine Arbeitsfläche drücken, etwas auskühlen lassen, dann mit Mehl, Salz und Ei mischen, gut durchkneten. Den Teig etwa 15 Minuten ruhen lassen. In einem breiten Topf Wasser und Salz zum Kochen bringen, mit Hilfe von Teelöffeln Nockerln abstechen, im siedenen Wasser etwa 5 Minuten garen. Sobald sie an die Oberfläche steigen, mit einer Schaumkelle herausheben und warm stellen.

Für die Sauce die Äpfel waschen, halbieren, entkernen und würfeln. Den Porree und Sellerie putzen, waschen, ebenfalls würfeln, in der Butter andünsten. Mit der Gemüsebrühe, Apfelsaft und Zitronensaft angießen. Den gewaschenen, kleingeschnittenen Majoran hinzufügen, einkochen lassen. Sobald die Sauce sämig ist, Crème fraîche unterrühren, mit Salz, Pfeffer und Honig abschmecken. Die Sauce nach Belieben mit etwas hellem Saucenbinder binden. Die Nockerln mit der Sauce servieren.

Bayerische SAUERKRAUTKLÖSSE

Für die Klöße:
1 1/2 kg mehligkochende Kartoffeln
250 ml (1/4 l) Milch
40 g Margarine oder Butter
Salz
150 g Grieß

Für die Sauerkraut-Kasseler-Füllung:
150 g Sauerkraut
150 g Kasseler
1 EL Schweineschmalz
1 kleingewürfelte Zwiebel
1 durchgepreßte Knoblauchzehe
125 ml (1/8 l) Weißwein
1 TL scharfer Senf
1 Wacholderbeere
1 Pimentkorn
2 Nelken
Salz
frisch gemahlener Pfeffer

Für die Klöße die Kartoffeln waschen, schälen, abspülen, fein reiben, in einem Küchentuch gut auspressen. Die Milch mit Margarine oder Butter und Salz zum Kochen bringen, den Grieß unter Rühren einstreuen, kurz aufkochen lassen, sofort mit den ausgepreßten Kartoffeln mischen, mit Salz abschmecken.

Für die Füllung das Sauerkraut zerpflücken und kleinschneiden. Das Kasseler in kleine Würfel schneiden, in dem Schweineschmalz anbraten. Die Zwiebelwürfel und den Knoblauch hinzugeben, das Sauerkraut darin etwas anbraten lassen, mit Weißwein ablöschen. Den Senf mit den Gewürzen hinzugeben, etwa 25 Minuten garen, die Gewürze herausnehmen. Aus der Kartoffelmasse mit nassen Händen 12 Klöße formen, in jeden Kloß 1/2–1 Eßlöffel von dem Sauerkraut-Kasseler-Gemisch geben. Die Klöße in kochendes Salzwasser geben, zum Kochen bringen, in etwa 20 Minuten gar ziehen lassen (das Wasser muß sich leicht bewegen).

Hähnchengeschnetzeltes
IM KARTOFFELRING

Für den Kartoffelring:
750 g mehligkochende Kartoffeln
125 ml (1/8 l) heiße Milch
2 gestr. TL Butter oder Margarine
geriebene Muskatnuß
Salz
frisch gemahlener Pfeffer
2 EL gehackte Petersilie oder
2 EL gehackter Kerbel
500 g Hähnchenbrustfilet
2 Zwiebeln
2 EL Speiseöl
150 ml Hühnerbrühe
1/2 TL Paprika edelsüß
1 TL Kräuter der Provençe
1–2 TL zerdrückte grüne Pfefferkörner
300 g tiefgekühlte Erbsen
2 EL gehackte Kräuter
(z. B. Estragon oder glatte Petersilie)
heller Saucenbinder
gehackte Walnußkerne

Für den Kartoffelring die Kartoffeln schälen, waschen, kleinschneiden, in Salzwasser in 20 Minuten gar kochen, abgießen, abdämpfen, sofort durch die Kartoffelpresse drücken oder mit einem Kartoffelstampfer zerdrücken, mit Milch, Butter oder Margarine zu einem glatten Brei verrühren, mit Muskatnuß, Salz und Pfeffer abschmecken. Die Petersilie oder Kerbel unterrühren, das Püree warm stellen.

Für das Hähnchengeschnetzelte das Hähnchenbrustfilet unter fließendem kaltem Wasser abspülen, trockentupfen, in Streifen schneiden. Die Zwiebeln abziehen, halbieren, in feine Würfel schneiden. Speiseöl erhitzen, das Fleisch darin kräftig anbraten, die Zwiebelwürfel hinzufügen, goldgelb dünsten. Die Brühe dazugießen, mit Paprika, Kräutern der Provençe und grünen Pfefferkörnern würzen, bei schwacher Hitze etwa 5 Minuten schmoren lassen. Die Erbsen unterrühren, 10 Minuten mitgaren lassen, die Kräuter unterrühren. Das Geschnetzelte mit Salz abschmecken und nach Belieben mit hellem Saucenbinder binden. Eine Kranzform ausfetten, mit Walnußkernen ausstreuen. Vor dem Servieren das heiße Püree in die Form füllen, leicht andrücken, auf eine vorgewärmte Platte stürzen. Das Geschnetzelte in die Mitte des Kartoffelringes füllen, servieren.

TIP

Ein Gemüse-Champignon-Ragout in die Mitte des Kartoffelringes geben. Das restliche Ragout dazu reichen.

Kartoffel-PÜREE, FLÄMISCH

1 kg mehligkochende Kartoffeln
Salzwasser
300 g Sauerampfer oder Blattspinat
1 EL zerlassene Butter
2 große Zwiebeln
2 EL Butter
Meersalz
frisch gemahlener Pfeffer
frsich geriebene Muskatnuß
125 ml (1/8 l) Schlagsahne

Die Kartoffeln schälen, waschen und in Stücke schneiden. Die Kartoffeln in Salzwasser zum Kochen bringen, in etwa 20 Minuten gar kochen lassen, abgießen, abdämpfen und sofort heiß durch die Kartoffelpresse geben oder zerstampfen. Den Sauerampfer oder Blattspinat verlesen, gründlich waschen, abtropfen lassen und in zerlassener Butter so lange erhitzen, bis das Gemüse zusammenfällt. Das Gemüse auf ein Küchenbrett geben und grob zerkleinern. Die Zwiebeln abziehen und in kleine Würfel schneiden. Die Butter zerlassen und die Zwiebeln darin goldgelb dünsten. Den Kartoffelbrei und das Gemüse hinzufügen und gut vermengen. Das Püree mit dem Meersalz, dem Pfeffer und der Muskatnuß abschmecken. Die Schlagsahne kurz erhitzen und unter den Brei rühren. Sollte der Brei zu fest sein, noch etwas warme Schlagsahne hinzufügen.

Gemüse-KARTOFFEL-BREI

1 kg mehligkochende Kartoffeln
2 Bund Suppengrün
(Möhren, Porree, Sellerie)
1 Zwiebel, 30 g Butter
150 ml Gemüsebrühe
1–2 EL Crème fraîche
Salz, frisch gemahlener Pfeffer
geriebene Muskatnuß
2 EL gehackte Petersilie

Die Kartoffeln waschen, schälen, abspülen, in Würfel schneiden, in Salzwasser in etwa 20 Minuten gar kochen. Das Suppengrün putzen, waschen, in Würfel bzw. Streifen schneiden. Die Zwiebel abziehen, würfeln. Die Zwiebelwürfel und das Gemüse in der Butter andünsten, die Gemüsebrühe zugeben, in etwa 10 Minuten gar dünsten. Die Kartoffeln abgießen, zerstampfen oder durch die Kartoffelpresse drücken. Das Gemüse mit dem Scheidstab pürieren, mit der Kartoffelmasse verrühren. Crème fraîche unterrühren, mit Salz, Pfeffer, Muskatnuß abschmekken, mit gehackter Petersilie bestreut servieren.

Beilage: Kurzgebratenes Fleisch, z.B. Hühnerfilet oder Schnitzel.

Mozart-
KNÖDEL

(6 Portionen)

Für den Kartoffelteig:
350 g mehligkochende Kartoffeln
30 g Butter
150 g Weizenmehl
40 g Hartweizengrieß
2 Eigelb
1 TL Bourbon Vanille-Zucker
Schale von 1 Zitrone (unbehandelt)
gemahlener Zimt, Salz

Für den Marzipanteig:
60 g Pistazienkerne
60 g Puderzucker
150 g Marzipan-Rohmasse
1 EL Rum

Für die gefüllten Pflaumen:
50 g Nuß-Nougatmasse
50 g Zartbitter Kuvertüre
50 g weiche Butter
abgeriebene Schale von 1 Orange (unbehandelt)
1 EL Orangensaft
12 entsteinte Backpflaumen

Zum Wälzen:
200 g gemahlene Mandeln

Für die Sauce:
100 g Crème double
2 EL Puderzucker
1 EL Rum

Zum Verzieren:
100 g pürierte Himbeeren
Puderzucker
Minzeblättchen

Die Kartoffeln waschen, in Salzwasser in etwa 20–25 Minuten gar kochen, abgießen. Die Kartoffeln pellen, auf ein Backblech legen und im vorgeheizten Backofen bei etwa 200 °C (Heißluft etwa 180 °C, Gas Stufe 3–4) etwa 10 Minuten abdämpfen lassen. Die übrigen Zutaten für den Kartoffelteig in eine Schüssel geben. Die Kartoffeln mit einer Kartoffelpresse fein zerdrücken oder durch ein Sieb streichen und dazugeben. Einen glatten Teig daraus kneten. Den Teig in Klarsichtfolie wickeln, im Kühlschrank etwa 1 Stunde ruhen lassen. Für den Marzipanteig die Pistazien fein mahlen, mit gesiebtem Puderzucker, zerbröckelter Marzipan-Rohmasse und Rum zu einem glatten Teig verkneten, beiseite stellen. Für die gefüllten Pflaumen Nougat und Kuvertüre zerkleinern, im Wasserbad schmelzen. Die Butter schaumig schlagen, die Nougat-Kuvertüre dabei langsam einlaufen lassen. Orangenschale und -saft dazugeben, so lange weiterschlagen, bis eine Creme entsteht. Die Backpflaumen mit einem Kochlöffelstiel vorsichtig aushöhlen. Die Creme in einen Spritzbeutel mit kleiner Lochtülle geben, in die Backpflaumen spritzen. Den Marzipanteig zwischen zwei Blatt Klarsichtfolie legen und etwa 2 mm dünn ausrollen. Die Folie vorsichtig abziehen und 12 gleich große Stücke aus dem Marzipanteig schneiden. Je eine gefüllte Backpflaume damit umhüllen. Den Kartoffelteig mit bemehlten Händen auf einer mit Mehl bestäubten Arbeitsfläche ausrollen und in 12 Stücke schneiden. Die in Marzipan gehüllten Backpflaumen nun darin einschlagen und zu Knödeln formen. Die Knödel in kochendes Salzwasser geben und etwa 10 Minuten gar ziehen lassen. Die gemahlenen Mandeln in einer heißen Pfanne goldbraun rösten. Für die Sauce Crème double, gesiebten Puderzucker und Rum miteinander glattrühren. Die Knödel mit einer Schaumkelle aus dem Wasser heben, abtropfen lassen und vorsichtig in den gebräunten Mandeln wälzen. Die Sauce gut durchrühren, mit dem durch ein Sieb gestrichenen Himbeerpüree dekorativ auf 6 Tellern verteilen. Je einen ganzen und einen halbierten Knödel darauf anrichten, mit Pfefferminzblättchen und Puderzucker verzieren.

TIP

Zum Verzieren der Mozart-Knödel können auch pürierte Erdbeeren oder Brombeeren genommen werden.

Zwetschen-KNÖDEL

1 1/4 kg mehligkochende Pellkartoffeln
2 Eier, Salz
60 g Grieß, 80 g Weizenmehl
16–20 Zwetschen
16–20 Zuckerwürfel
kochendes Salzwasser
Zwiebackkrumen

Die Kartoffeln noch heiß pellen, durch eine Kartoffelpresse geben, bis zum nächsten Tag kalt stellen. 1 kg von den durchgepreßten Kartoffeln abwiegen, durch ein Sieb streichen, nach und nach Eier, Salz, Grieß und Weizenmehl hinzufügen, zu einem glatten Teig verkneten. Aus dem Teig mit bemehlten Händen runde Klöße formen. Die Zwetschen waschen, entsteinen, je 1 Zwetsche mit dem Zucker füllen und in jeden Kloß drücken. Die Klöße in kochendes Salzwasser geben, zum Kochen bringen, in 10–15 Minuten gar ziehen lassen. Die Knödel in Zwiebackkrumen wälzen, sofort servieren.

Beigabe: Gebräunte Butter, Zucker, Zimt.

Marillenknödel (APRIKOSENKLÖSSE)

700 g mehligkochende Kartoffeln
40 g Butter
160 g Weizenmehl
60 g Weizengrieß
1 Eigelb
Salz
18 Marillen (Aprikosen)
18 Stück Würfelzucker
80 g Butter
100 g Semmelbrösel
50 g Zucker
abgeriebene Schale von je 1/2 Orange und 1/2 Zitrone (unbehandelt)
1 TL Bourbon Vanille-Zucker

Die Kartoffeln in Salzwasser in etwa 20 Minuten gar kochen, das Wasser abgießen. Die Kartoffeln im vorgeheizten Backofen bei etwa 100 °C (Heißluft etwa 80 °C, Gas: Stufe 1) etwa 10 Minuten abdämpfen lassen. Die Kartoffeln etwas abkühlen lassen, dann pellen. Die Kartoffeln durch ein Sieb passieren. Butter, Mehl, Weizengrieß, Eigelb und Salz hinzugeben, mit dem Handrührgerät mit Knethaken zu einem glatten Teig verarbeiten. Die Marillen abspülen, trockentupfen, mit dem Stiel eines Kochlöffels den Kern entfernen. An diese Stelle ein Stück Würfelzucker hineinstecken. Die Marillen mit dem ausgerollten Teig umhüllen und zu Knödeln formen. Die Knödel in kochendem Salzwasser etwa 10 Minuten ziehen lassen. Die Butter in einer Pfanne erhitzen, Semmelbrösel hinzugeben, leicht anrösten. Zucker, Orangen- und Zitronenschale, Vanille-Zucker hinzugeben und gut verrühren. Die Knödel aus dem Wasser nehmen, gut abtropfen lassen. Die Semmelbröselmasse darauf geben.

TIP

Die Marillenknödel mit einer gedünsteten, in Scheiben geschnittenen Aprikose und Karamelsauce garnieren. Die unbehandelte Orangen- und Zitronenschale kann auch durch ein Fertigprodukt ersetzt werden.

Maultaschen mit RAUKE-SAUCE

(etwa 20 Stück)

Für die Füllung:
30 g Butter, 200 g Champignons
Salz, frisch gemahlener Pfeffer
1 Fleischtomate
50 g Crème double
1 1/2 kg mehligkochende Kartoffeln
20 g Butter
frisch geriebene Muskatnuß
Salz, 1 Eigelb
100 g Weizenmehl
1 1/2 l Salzwasser

Für die Rauke-Butter-Sauce:
50 g Rauke (ersatzweise Spinat)
1 EL Zitronensaft
100 g weiche Butter
1 Schalotte
250 ml (1/4 l) trockener Weißwein
1 EL Schlagsahne

Für die Füllung die Butter zerlassen, die Champignons putzen, mit Küchenpapier abreiben, fein würfeln, in der Butter andünsten, mit Salz und Pfeffer würzen. Die Fleischtomate kurze Zeit in kochendes Wasser legen (nicht kochen lassen), in kaltem Wasser abschrecken, enthäuten, den Stengelansatz herausschneiden, die Tomate vierteln, entkernen, in feine Würfel schneiden. Die Tomatenwürfel und Crème double unterrühren, erkalten lassen. Die Kartoffeln waschen, in Wasser zum Kochen bringen, in etwa 25 Minuten gar kochen lassen, abgießen, pellen, durch die Kartoffelpresse drücken. Die Butter, Muskatnuß, Salz und Eigelb unterrühren, etwas erkalten lassen. Das Mehl unterrühren. Den Kartoffelteig auf einer bemehlten Arbeitsfläche in kleinen Portionen etwa 1/2 cm dick ausrollen, mit einem gezackten Ausstechförmchen Kreise (Ø 8 cm) ausstechen, gut 1 Teelöffel der Füllung darauf verteilen, übereinanderschlagen, die Ränder andrücken. Das Salzwasser zum Kochen bringen, Kartoffelmaultaschen portionsweise hineingeben, so lange ziehen lassen, bis sie an die Oberfläche steigen, mit einem Schaumlöffel herausnehmen, warm stellen.

Für die Rauke-Butter-Sauce die Rauke oder den Spinat waschen, die unteren Stielenden entfernen, die Rauke trockentupfen, fein hacken, mit Zitronensaft und Butter verrühren. Die Schalotte abziehen, fein würfeln, mit Weißwein auf die Hälfte einkochen lassen, Schlagsahne unterrühren. Die Butter mit dem Pürierstab in der Sauce aufschlagen (Rauke darf nicht zu stark erhitzt werden, sie wird sonst braun), mit Salz und Pfeffer abschmecken, zu den Kartoffelmaultaschen reichen.

Kartoffel-
KLÖSSE

750 g mehligkochende Kartoffeln
50 g Semmelbrösel
20 g Weizenmehl
2 Eier, Salz
geriebene Muskatnuß
1 Brötchen (Semmel), 30 g Butter

Die Kartoffeln waschen, in Wasser zum Kochen bringen, in 20–25 Minuten gar kochen lassen, abgießen, pellen, sofort durch die Kartoffelpresse geben, bis zum nächsten Tag kalt stellen. Die Semmelbrösel, Weizenmehl und Eier unterkneten. Den Teig mit Salz, Muskatnuß würzen. Das Brötchen in Würfel schneiden, in der zerlassenen Butter braun braten. Aus dem Teig mit bemehlten Händen 12 Klöße formen, in jeden Kloß einige Brötchenwürfel drücken. Die Klöße in kochendes Salzwasser geben, zum Kochen bringen, in 20–25 Minuten gar ziehen lassen (das Wasser muß sich leicht bewegen). Die garen Klöße gut abtropfen lassen. Die Kartoffelklöße nach Belieben mit gerösteten Semmelbröseln und gedünsteten Porreestreifen anrichten.

Kartoffelbrei
(KARTOFFEL-PÜREE)

(ohne Foto)

1 kg mehligkochende Kartoffeln
75 g Butter oder Margarine
etwa 250 ml (1/4 l) heiße Milch
Salz
geriebene Muskatnuß

Die Kartoffeln waschen, schälen, abspülen, in Stücke schneiden, in Salzwasser zum Kochen bringen, in etwa 20 Minuten gar kochen lassen, abgießen, abdämpfen und sofort durch die Kartoffelpresse geben oder zerstampfen. Die Milch, Butter oder Margarine hinzufügen, den Topf auf die Kochstelle setzen, den Brei so lange schlagen, bis eine einheitliche Masse entstanden ist, mit Salz und Muskatnuß würzen.
Den Kartoffelbrei mit in Fett gebräunten Zwiebelringen oder gerösteten Semmelbröseln anrichten.

Thüringer KLÖSSE

(Rohe Kartoffelklöße – ohne Foto)

1 ½ kg mehligkochende Kartoffeln
250 ml (¼ l) Milch, 40 g Butter
Salz, 150 g Grieß
1 Brötchen (Semmel)
30 g Butter

Die Kartoffeln waschen, schälen, abspülen, fein reiben und in einem Küchentuch gut auspressen. Die Milch mit Butter und Salz zum Kochen bringen, Grieß unter Rühren einstreuen und kurz aufkochen lassen. Sofort mit den ausgepreßten Kartoffeln mischen und mit Salz abschmecken. Das Brötchen in kleine Würfel schneiden, Butter zerlassen und die Brötchenwürfel darin braun braten. Aus der Kartoffelmasse mit nassen Händen 12 Klöße formen und in jeden Kloß einige Brötchenwürfel drücken. Die Klöße in kochendes Salzwasser geben, zum Kochen bringen und in etwa 25 Minuten gar ziehen lassen (Wasser muß sich leicht bewegen).

Kartoffel-KLÖSSCHEN

750 g Kartoffeln, 75–100 g Weizenmehl
3 Eigelb, 60 g Butterflöckchen
Salz, zerlassene Butter

Die Kartoffeln waschen, in Wasser zum Kochen bringen, in 20–25 Minuten gar kochen lassen, abgießen, heiß pellen, lauwarm durch die Kartoffelpresse geben, in die Mitte der Kartoffelmasse eine Vertiefung eindrücken. Das Mehl mit Eigelb, Butterflöckchen und Salz in die Vertiefung geben. Die Zutaten mit dem Handrührgerät mit Knethaken zu einem glatten Teig verkneten, von dem Teig mit 2 Teelöffeln Klößchen abstechen, portionsweise in kochendes Salzwasser geben, zum Kochen bringen, in etwa 10 Minuten gar ziehen lassen (Wasser muß sich leicht bewegen). Die Klößchen mit einem Schaumlöffel aus dem Kochwasser nehmen, in eine vorgewärmte Schüssel geben, mit zerlassener Butter übergießen, sofort servieren.
Beigabe: Kompott, Zucker und Zimt.
Veränderung: Die gut abgetropften Klößchen in der erhitzten Butter von beiden Seiten braten.

Die 7-Tage-Kartoffel-Diät

basiert auf insgesamt 3 Mahlzeiten, die in Abständen von 4–5 Stunden eingenommen werden sollten. Die 3-Tages-Mahlzeiten beinhalten insgesamt ca. 800 Kalorien pro Tag, d.h. das Frühstück hat ca. 200 kcal und jede warme und kalte Mahlzeit ca. 300 kcal.

Vier beliebig austauschbare FRÜHSTÜCKSIDEEN

Jedes Frühstück hat 200 kcal (840 kJ).

1. Quarkbrot MIT MARMELADE

1 Scheibe Vollkornbrot (45 g)
1 1/2 EL Magerquark (60 g)
2 TL Marmelade (kalorienreduziert)

Den Magerquark auf das Brot streichen, die Marmelade darauf geben.

2. Müsli MIT BIRNE ODER APFEL

2 EL kernige Haferflocken
2 EL Kornflakes
1 kleine Birne oder Apfel (125 g)
125 ml (1/8 l) fettarme Milch (1,5 %)
etwas flüssiger Süßstoff

Die Haferflocken mit den Kornflakes mischen. Die Birne oder den Apfel schälen, vierteln, das Kerngehäuse entfernen. Das Fruchtfleisch in Stücke schneiden, zu der Müslimischung geben. Die Milch nach Belieben mit Süßstoff abschmecken, darübergießen.

3. Knäckebrot MIT PUTENBRUST

2 Scheiben Knäckebrot
1 TL Butter oder 1 EL Magerquark
50 g geräucherte Putenbrust (in Scheiben)
1 rote Paprikaschote (125 g)

Das Knäckebrot mit Butter oder Magerquark bestreichen. Die Putenbrust darauf legen. Die Paprika halbieren, entkernen, die weißen Scheidewände entfernen, waschen, in Streifen schneiden, zum Knäckebrot servieren.

4. Vollkorntoast MIT KÄSE UND GURKE

1 Scheibe Vollkorntoast
1 TL Butter oder 1 EL Magerquark
1 Scheibe Käse (30 g - kalorienreduziert)
200 g Salatgurke

Den Toast toasten, mit Butter oder Magerquark bestreichen, mit dem Käse belegen. Die Salatgurke schälen, waschen und in Scheiben schneiden, zum Toast servieren.

1. TAG

Warme Mahlzeit: KARTOFFEL-HACK-PFANNE

200 g festkochende Pellkartoffeln
1 grüne Paprikaschote (125 g)
75 g Rindergehacktes
1 TL Margarine oder Butter
1 EL Tomatenketchup
2 EL Wasser
Paprika, edelsüß
Salz
frisch gemahlener Pfeffer
gerebelter Thymian

Die Kartoffeln pellen und in Scheiben schneiden. Die Paprika halbieren, entkernen, die weißen Scheidewände entfernen, waschen und in Streifen schneiden. Das Gehackte in dem heißen Fett anbraten. Die Paprikastreifen hinzufügen und kurz mitbraten. Kartoffeln, Ketchup und Wasser hinzufügen, würzen und 4–5 Minuten dünsten lassen.

Kalte Mahlzeit:
KARTOFFELSALAT MIT EI

150 g festkochende Pellkartoffeln
150 g Tomaten
1 TL Joghurt-Salatcreme
1 EL Crème fraîche
etwas Mineralwasser
Salz, frisch gemahlener Pfeffer
Currypulver
Kräuteressig
flüssiger Süßstoff
1 Bund Schnittlauch
1 hartgekochtes Ei

Die Kartoffeln pellen und in Scheiben schneiden. Die Tomaten waschen, achteln, den Stengelansatz herausschneiden. Aus Joghurt-Salatcreme, Crème fraîche und Mineralwasser eine Sauce rühren, mit den Gewürzen, Essig und Süßstoff abschmecken. Den Schnittlauch abspülen, fein schneiden, mit der Salatsauce unter die Tomaten und Kartoffeln heben. Das Ei pellen, halbieren und auf dem Salat anrichten.

2. TAG

Warme Mahlzeit:
LAUCH-KARTOFFELN

200 g festkochende Pellkartoffeln
125 g Lauchzwiebeln
1 TL Butter oder Margarine
Salz, frisch gemahlener Pfeffer
1 Ei
1–2 EL Mineralwasser
Chinesisches 5-Gewürze-Pulver

Die Kartoffeln pellen und in Scheiben schneiden. Die Lauchzwiebeln putzen, waschen und in Ringe schneiden. Die Kartoffeln und Lauchzwiebeln etwa 5 Minuten in dem Fett braten, mit Salz und Pfeffer würzen. Das Ei, Wasser und Chinagewürz verrühren, in einer beschichteten Pfanne stocken lassen, zu dem Kartoffel-Lauch-Gemüse servieren.

Kalte Mahlzeit:
SALAT MIT CORNED BEEF

150 g festkochende Pellkartoffeln
2 Bund Radieschen
1 kleine Zwiebel
50 g Corned beef
1 TL Joghurt-Salatcreme
1 EL Fertigsalatsauce ohne Öl
2 EL Gurkenwasser oder Zitronensaft
1 TL Senf
Salz
frisch gemahlener Pfeffer
1 EL gehackte Petersilie

Die Kartoffeln pellen, in Scheiben schneiden. Die Radieschen putzen, waschen und vierteln. Die Zwiebel abziehen, fein würfeln. Das Corned beef würfeln. Salatcreme, Fertigsalatsauce, Gurkenwasser oder Zitronensaft, Senf und Gewürze miteinander verrühren. Unter die Salatzutaten heben, mit gehackter Petersilie bestreuen.

3. TAG

Warme Mahlzeit:
KARTOFFEL-TOPF

200 g festkochende Pellkartoffeln
200 g Champignons
1 TL Speiseöl
Salz
weißer Pfeffer
30 g Schmelzkäse (20 % Fett i. Tr.)
4 EL Gemüsebrühe
Zitronensaft
1 EL gehackte Petersilie

Die Kartoffeln pellen, in Scheiben schneiden. Die Champignons putzen, waschen, in Scheiben schneiden. Die Pilze im heißen Öl andünsten. Die Kartoffeln hinzufügen, mit Salz und Pfeffer würzen. Den Käse in der heißen Brühe schmelzen, mit Salz und Pfeffer abschmecken, über den Kartoffel-Champignon-Topf gießen, mit der Petersilie bestreuen.

Kalte Mahlzeit:
PAPRIKA, GEFÜLLT

150 g festkochende Pellkartoffeln
je 1 rote und gelbe Paprikaschote (je 125 g)
60 g Schafskäse
2–3 EL Zitronensaft
Salz, frisch gemahlener Pfeffer
Kräuter der Provençe

Die Kartoffeln pellen und würfeln. Die Paprikaschoten halbieren, entkernen, die weißen Scheidewände entfernen und waschen. Je eine Hälfte in Würfel schneiden. Den Schafskäse in Würfel schneiden. Kartoffel-, Paprika- und Käsewürfel mischen, mit Zitronensaft, Salz, Pfeffer und Kräutern der Provençe abschmecken. Den Salat in die Paprikahälften füllen.

Kalte Mahlzeit:
ROASTBEEF ALLERLEI

150 g festkochende Pellkartoffeln
einige Salatblätter
50 g Roastbeef in Scheiben
1 EL Joghurt-Salatcreme
1 EL Fertigsalatsauce ohne Öl
1 EL Zitronensaft
1/2 Pck. TK-Kräuter
Salz, Pfeffer
Paprika, edelsüß
Knoblauchpulver

Die Kartoffeln pellen, den Salat waschen, abtropfen lassen. Kartoffeln und Roastbeef auf dem Salat anrichten. Aus Joghurt-Salatcreme, Fertigsalatsauce, Zitronensaft, Kräutern und Gewürzen eine Sauce rühren, dazu reichen.

4. TAG

Warme Mahlzeit:
KARTOFFEL-KRABBEN-PFANNE

200 g festkochende Pellkartoffeln
2 Tomaten (100 g)
1 EL Speiseöl
Salz
frisch gemahlener Pfeffer
Cayennepfeffer
75 g Krabbenfleisch

Die Kartoffeln pellen und in Scheiben schneiden. Die Tomaten waschen, achteln, den Stengelansatz herausschneiden. Die Kartoffeln in dem heißen Öl knusprig braten, mit Salz und Pfeffer würzen. Tomaten und Krabbenfleisch hinzufügen, erhitzen, nochmals abschmecken.

5. TAG

Warme Mahlzeit:
BROCCOLI-KARTOFFELN

200 g festkochende Pellkartoffeln
200 g Broccoli
75 ml Fleischbrühe, 1 TL Butter
Salz, Pfeffer, geriebene Muskatnuß
50 g fettreduzierter Edamer (10 % Fett i. Tr.)

Die Kartoffeln pellen und in Würfel schneiden. Den Broccoli putzen und in Röschen teilen. Den Stiel schälen, evtl. vierteln. Den Broccoli waschen, in der Brühe 5–10 Minuten garen, abtropfen lassen. Kartoffeln und Broccoli kurz im heißen Fett schwenken. Mit Salz, Pfeffer und Muskat würzen. Den Käse reiben und über das Gemüse streuen.

Kalte Mahlzeit:
SCHINKEN-TATAR

150 g festkochende Pellkartoffeln
2 Gewürzgurken (100 g)
1 TL Kapern
50 g gekochter Schinken
1–2 EL Zitronensaft
etwas Kapernwasser
Salz, Pfeffer, 1 Eigelb

Die Kartoffeln pellen und würfeln. Die Gurken würfeln, die Kapern fein hacken und den Schinken in Streifen schneiden. Kartoffeln, Gurken, Kapern und Schinken auf einem tiefen Teller anrichten. Zitronensaft, Kapernwasser und Gewürze verrühren, darübergeben, etwa 10 Minuten durchziehen lassen. Kurz vor dem Verzehr das Eigelb unterrühren.

6. TAG

Warme Mahlzeit:
MÖHREN MIT PUTENFILET

200 g festkochende Pellkartoffeln
125 g Möhren, Salz
1 Putenschnitzel (75 g)
frisch gemahlener Pfeffer
Paprika, edelsüß oder Currypulver
1 TL Speiseöl
1/2 Pck. helle Sauce (Instant)
geriebene Muskatnuß

Die Kartoffeln pellen und in Scheiben schneiden. Die Möhren putzen, schälen, waschen, in Scheiben schneiden. Die Möhren in wenig Salzwasser dünsten. Das Putenschnitzel abspülen, trockentupfen, mit Salz, Pfeffer, Paprika oder Currypulver würzen. In dem heißen Fett von beiden Seiten jeweils 3 Minuten braten, warm stellen. Die Sauce mit 125 ml (1/8 l) Wasser zubereiten, mit Salz, Pfeffer und Muskat abschmecken. Die Kartoffel- und Möhrenscheiben in der Sauce erhitzen.

Kalte Mahlzeit:
ROHKOST MIT KRÄUTERQUARK

150 g festkochende Pellkartoffeln
200 g Salatgurke, 125 g Möhren
100 g Tomaten
2 EL Magerquark
1 EL Crème fraîche
Zitronensaft, Mineralwasser
1/2 Pck. TK-Kräuter (25 g)
Salz, Zitronenpfeffer

Die Kartoffeln pellen, die Gurke schälen, die Möhren putzen und waschen. Die Zutaten in Stifte oder Scheiben schneiden. Tomaten waschen, in Scheiben schneiden. Das vorbereitete Gemüse auf einem Teller anrichten. Quark, Crème fraîche, Zitronensaft, Mineralwasser und Kräuter verrühren, mit Salz und Zitronenpfeffer abschmecken. Den Kräuterquark zur Rohkostplatte servieren.

7. TAG

Warme Mahlzeit:
KARTOFFELN MIT QUARK

200 g festkochende Pellkartoffeln
100 g Magerquark
1 Becher (150 g) Joghurt 1,5 % Fett
1/2 Pck. TK-Kräuter (25 g)
1 EL feingeschnittener Dill
1 EL feingeschnittener Schnittlauch
Kräutersalz, Paprika, edelsüß, Pfeffer

Die Kartoffeln heiß pellen und warm stellen. Quark, Joghurt, TK-Kräuter, Dill und Schnittlauch verrühren, mit den Gewürzen abschmecken, zu den Kartoffeln servieren.

Kalte Mahlzeit:
SALAT MIT THUNFISCH

150 g festkochende Pellkartoffeln
125 g Lauchzwiebeln
200 g Salatgurke
2 EL Fertigsalatsauce ohne Öl
100 g Thunfisch naturell (Dose)

Die Kartoffeln pellen und würfeln. Die Lauchzwiebeln putzen, waschen, in Ringe schneiden. Die Gurke schälen, waschen und würfeln. Die Zutaten mischen, die Fertigsalatsauce darübergeben. Den Thunfisch abtropfen lassen, mit dem Kartoffelsalat anrichten.

Ratgeber:

RUND UM DIE KNOLLE

Rund UM DIE KNOLLE

Botanisch gesehen gehört die Kartoffel zur Familie der Nachtschattengewächse. Als Frucht trägt die Kartoffelpflanze grüne Beeren. Kartoffeln sind eines der wichtigsten Grundnahrungsmittel. Insbesondere ihr Eiweißgehalt macht sie so wertvoll. Kartoffeleiweiß steht nach Sojaeiweiß an zweiter Stelle der pflanzlichen Produkte. Unter den Mineralstoffen ist der hohe Kaliumgehalt hervorzuheben, aber auch Magnesium, Mangan und Phosphor sind von Bedeutung. Die Kartoffel ist eine wichtige Vitamin-C-Quelle für uns. Der Gehalt nimmt jedoch im Laufe der Lagerung langsam ab. Das als giftig bekannte Solanin ist in den heutigen Kartoffelsorten in nur sehr geringen Konzentrationen vorhanden, so daß keine Gesundheitsgefährdung eintreten kann. Lichteinwirkung führt jedoch zu erhöhter Solaninbildung und gleichzeitig zum Ergrünen der Knollen. Daher sollten grüne oder angegrünte Kartoffeln nicht mehr verzehrt werden.

Kartoffel ist nicht gleich Kartoffel
Es gibt über 150 verschiedene Kartoffelsorten, von denen ein großer Teil, die Wirtschaftssorten, für Fütterung und Industrie gezüchtet wurden. Speisekartoffeln werden nach Reifezeiten – von Anfang Juni bis Ende Oktober – eingeteilt.

Die Kartoffelsorten:
Sehr frühe Sorten (Anfang Juni bis Mitte Juli). Sie eignen sich nicht zur Einlagerung, sondern müssen schnell verbraucht werden. Die Sorten sind meist oval und haben eine hellgelbe bis gelbe, meist glatte Schale.

Bekannte Sorten: Akula, Atica, Berber, Christa, Gloria, Hela, Karatop, Leyla, Rosara, Ukama.

Frühe Sorten: (Anfang Juli bis Mitte August). Sie können bis zum Herbst gelagert werden. Die Sorten sind rundoval bis lang und besitzen eine gelbe, genetzte Schale.

Bekannte Sorten: Arnika, Cilena, Cinja, Forelle, Karat, Rikea, Sieglinde.

Mittelfrühe Sorten: (von Mitte August bis Ende September).

Sie eignen sich zur Einkellerung. Das Aussehen schwankt je nach Sorte sehr. Bekannte mehligkochende Sorten: Adretta, Likaria, z. T. auch Agria, Quarta, Solara.

Bekannte festkochende Sorten: Exquisa, Grandifolia, Granola, Hansa, Koretta, Linda, Liu, Nicola, Roxa, Secura, Selma, Solina.

Mittelspäte bis späte Sorten: (von Mitte September bis Ende Oktober).
Sie eignen sich zur Einkellerung und sind meist mehligkochend. Die Fleischfarbe ist gelb bis dunkelgelb. Bekannteste Sorte: Aula.

Was ist beim Einkauf ZU BEACHTEN?

Immer früher im Jahr können neue Kartoffeln gekauft werden. Diese ersten Frühkartoffeln kommen meistens aus Zypern, Ägypten oder Italien und sind – wie auch die ersten deutschen Frühkartoffeln – nur bedingt lagerfähig. Es sollte deshalb maximal immer nur ein Wochenbedarf eingekauft weren. Bei diesen frühen Sorten handelt es sich in der Regel um festkochende Kartoffeln.

Die mittelfrühen Sorten eignen sich zur Einkellerung. Die Palette reicht von fest- bis mehligkochend.

Die späten Sorten, ebenfalls zur Einkellerung geeignet, sind meistens mehligkochend.

Beim Einkauf von Speisekartoffeln ist zu beachten, daß die Knollen ganz, also nicht beschädigt sind. Erde und andere Unsauberkeiten müsssen entfernt sein, weil sich darin Schädlinge und Feuchtigkeit halten können. Die Knollen sollten eine feste Beschaffenheit haben, da welke, weiche oder runzlige Knollen einen Teil ihrer Nährstoffe eingebüßt haben.

Kartoffeln sollten sowohl im Geschäft als auch im Haus luftig verpackt gelagert werden, d. h. in luftdurchlässigen Säcken, Netzen oder Körben.

Tips zur richtigen Lagerung:

- Die Kartoffeln sollen unbeschädigt, nicht ergrünt, trocken, sauber und von einer Sorte sein.
- Vor dem Einkauf einige Knollen durchschneiden und prüfen.
- Verschiedene Sorten nicht vermischen.
- Kartoffeln auf Lattenrosten oder in Horden lagern, so daß die Luftzufuhr auch von unten kommen kann.
- Kartoffeln nicht in Folie lagern, Gittersäcke sind dagegen möglich.
- Kartoffeln in kühlen, trockenen, abgedunkelten Räumen lagern. Kartoffeln mit Papier oder Säcken abdecken. Dies vermindert die Verdunstung und verhindert ein vorzeitiges Schrumpfen, Ergrünen und Keimbildung.
- Eine Lagertemperatur von 4–6 °C ist ideal. Bei höheren Temperaturen bilden sich Keime und grüne Stellen, bei Frost wandelt sich die Stärke der Kartoffel in Zucker um, so daß die Knollen süßlich schmecken.

Wissenswertes über die KOCHEIGENSCHAFTEN

Je nach Stärkegehalt, der mit zunehmender Reife der Knollen ansteigt, ändern sich auch die Kocheigenschaften. Festkochende Kartoffeln (z. B. Sieglinde, Cilena, Hansa, Nicola, Linda) haben den geringsten Stärkegehalt und behalten nach dem Kochen ihre feste Struktur. Sie schmecken in Form von Salaten, Salzkartoffeln, Bratkartoffeln und Fritiertem am besten.

Vorwiegend festkochende Kartoffeln (z.B. Arkula, Arnika, Christa, Gloria, Cinja, Granola) haben nach dem Garen eine mittelfeste, gelegentlich leicht mehlige Struktur und springen etwas auf. Sie werden meistens für Salzkartoffeln, Pellkartoffeln, Bratkartoffeln und in Eintöpfen verwendet. Mehligkochende Kartoffeln (z. B. Adretta, Bintje, Aula) haben einen sehr hohen Stärkegehalt (bis zu 20 %) und sind für Kartoffelpüree, Kartoffelklöße, Suppen und Eintöpfe geeignet. Beim Kochen springen sie stärker auf; ihre Struktur ist locker und grobkörnig.

Zubereitung und nützliche Geräte:
So vielseitig wie Kartoffeln lassen sich andere Beilagen mit Sicherheit nicht zubereiten. Als Salz- und Pellkartoffeln, Püree und Klöße, als Rösti und Kroketten sind sie willkommene Beilagen. In Fett ausgebackene Kartoffeln gelingen am besten, wenn sie nach dem Zuschnitt sorgfältig abgetrocknet und im Fritiertopf bei 180 °C in heißem Fett goldbraun ausgebacken werden. In der Friteuse kann die Temperatur eingestellt werden, im Fritiertopf prüft man entweder mit dem Thermometer oder hält einen Holzlöffel ins Fett. Wenn sich an diesem kleine Bläschen bilden, hat das Fett die richtige Fritiertemperatur. Für das Fritieren nur hocherhitzbares, frisches Fett verwenden.

Für Kartoffelteige und -pürees brauchen Sie eine Kartoffelpresse oder einen Kartoffelstampfer. Eine Kartoffelpresse hat den Vorteil, daß die Kartoffeln besonders fein werden und gut zu einem Teig verarbeitet werden können. Mit einem Kartoffelstampfer können die Kartoffeln, z. B. für Kartoffelpüree direkt im Topf zerkleinert werden. Für Pürees niemals Kartoffeln mit einem Handrührgerät schlagen, da das Püree dann eine schleimige Konsistenz bekommt.

Für Kartoffelpuffer oder rohe Kartoffelklöße ist eine Kartoffelreibe günstig. Gemüsereiben haben häufig größere Löcher, so daß sie nicht immer als Ersatz genommen werden können.

Für Bratkartoffeln oder Rösti ist auch die richtige Pfanne von Bedeutung. In einer beschichteten Pfanne gelingen z. B. Kartoffelpfuffer und Rösti besonders gut.

Zum Pellen von Kartoffeln gibt es spezielle dreizinkige Gabeln, so daß man sich beim Schälen der Kartoffeln nicht die Finger verbrennt.

Da die meisten Vitamine der Kartoffel direkt unter der Schale sitzen, sollten rohe Kartoffeln möglichst dünn, am besten mit einem Sparschäler geschält werden. Damit die Vitamine beim Kochen nicht verlorengehen, empfiehlt es sich, Kartoffeln in einem Dämpfeinsatz zu kochen, da sie auf diese Weise nicht direkt im Wasser liegen und nicht ausgelaut werden. Es gibt günstige Dämpfkörbchen, die in der Größe verstellbar sind und somit in jeden Topf eingesetzt werden können. Damit rohe Kartoffeln in dünne, gleich dicke Scheiben geschnitten werden können, die für Gratins oder Bratkartoffeln gebraucht werden, ist ein Gurkenhobel hilfreich.

Bei der Zubereitung von Kartoffelklößen ist folgendes zu beachten: Die besten Kartoffelsorten dafür sind mehlig- und mehlig-festkochende. Frühkartoffeln sind nicht geeignet, weil sie noch wenig Stärke enthalten. Es empfiehlt sich, immer einen Probekloß zu kochen, um die Beschaffenheit zu prüfen. Sollte er auseinanderfallen, noch etwas Mehl oder Semmelbrösel unter den Kartoffelteig arbeiten. Die Klöße zum Garen in kochendes Salzwasser geben, ohne Deckel bei mittlerer Hitze gar ziehen lassen. Mit einem Schaumlöffel herausnehmen, gut abtropfen lassen.

Tip: Übriggebliebene Klöße in Scheiben schneiden, in Butter, nach Belieben auch mit durchwachsenem Speck und Zwiebeln, hellbraun braten, mit Salat servieren.

Kapitelregister

Kartoffeln von fein bis deftig – SUPPEN, SALATE UND KARTOFFELN IN FEINER SAUCE

Kroß und würzig – KARTOFFELN AUS DER PFANNE

Die tolle Knolle – GEBACKEN UND ÜBERBACKEN

Gut in Form – KLÖSSE, NOCKERLN UND PÜREES

Die 7-Tage-Kartoffel-Diät

FRÜHSTÜCKSIDEEN

Ratgeber

Alphabetisches REGISTER

Herausgeber: Genehmigte Lizenzausgabe für
Weltbild Verlag GmbH, Augsburg, 1997

Projektleitung: Gisela Knutzen

Gestaltung: Kontur Design, Bielefeld

Kapitel- und Ratgebertexte: Gisela Knutzen, Annette Elges

Redaktion: Annette Elges, Jasmin Gromzik, Gisela Knutzen

Titelfoto: G+J Fotoservice, Richard Stradtmann

Satz: Typografika, Bielefeld

Reproduktion: Omniascanners, Mailand

Herstellung: Mohndruck, Gütersloh

Die Rezepte sind – wenn nicht anders angegeben – für 4 Personen berechnet.

Die Autoren haben dieses Buch nach bestem Wissen und Gewissen erarbeitet. Alle Rezepte, Tips und Ratschläge sind mit Sorgfalt ausgewählt und geprüft. Eine Haftung des Verlages und seiner Beauftragten für alle erdenklichen Schäden an Personen, Sach- und Vermögensgegenständen ist ausgeschlossen.

Printed in Germany

ISBN 3-89604-246-7